MARCO ⊕ POLO

W0075047

MAR RAKE SCH

ATLANTISCHER OZEAN

FRANK-REICH

SPANIEN

PORT.

○Málaga

Madeira (Port.)

MAROKKO

TUNESIEN

Kanarische Inseln (Span.)

◉ Marrakesch

West-Sahara

ALGERIEN

Nördlicher Wendekreis

MAURETANIEN

MALI

MARCO POLO AUTORIN

Muriel Brunswig-Ibrahim

Als unsere Autorin 1997 das erste Mal nach Marrakesch kam, war sie komplett überfordert von all den Geräuschen und Gerüchen. Doch inzwischen hat die Marokko-Expertin, Reiseveranstalterin und Sachbuchautorin (www.brunswig. info oder www.tourserail.com) auch ihre Familie angefixt und taucht jedes Jahr in diesen Traum aus 1001 Nacht.

REIN INS ERLEBEN

Mit dem digitalen Service von MARCO POLO sind Sie noch unbeschwerter unterwegs: Auf den Erlebnistouren zielsicher von A nach B navigieren oder aktuelle Infos abrufen – das und mehr ist nur noch einen Fingertipp entfernt.

Hier geht's lang zu den digitalen Extras:

http://go.marcopolo.de/mak

Touren-App

Ganz einfach orientieren und jederzeit wissen, wo genau Sie gerade sind: Die praktische App zu den Erlebnistouren sorgt dank Offline-Karte und Navigation dafür, dass Sie immer auf dem richtigen Weg sind. Außerdem zeigen Nummern alle empfohlenen Aktivitäten, Genuss-, Kultur- und Shoppingtipps entlang der Tour an.

HTTP://GO.MARCOPOLO.DE/MAK

Update-Service

Immer auf dem neuesten Stand in Ihrer Destination sein: Der Online-Update-Service bietet Ihnen nicht nur aktuelle Tipps und Termine, sondern auch Änderungen von Öffnungszeiten, Preisen oder anderen Angaben zu den Reiseführerinhalten. Einfach als PDF ausdrucken oder für Smartphone, Tablet oder E-Reader herunterladen.

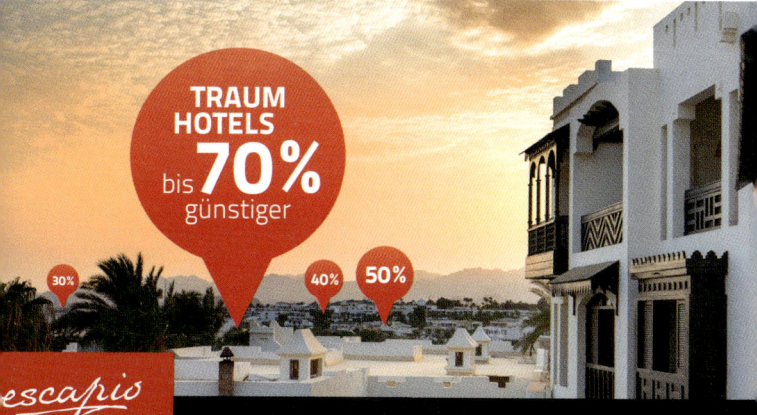

SYMBOLE

- INSIDER TIPP – Insider-Tipp
- ★ – Highlight
- ●●●● – Best of ...
- Schöne Aussicht
- Grün & fair: für ökologische oder faire Aspekte

PREISKATEGORIEN HOTELS

€€€	über 100 Euro
€€	50–100 Euro
€	bis 50 Euro

Die Preise gelten pro Nacht für ein Doppelzimmer ohne Frühstück

PREISKATEGORIEN RESTAURANTS

€€€	über 12 Euro
€€	8–12 Euro
€	bis 8 Euro

Die Preise gelten für ein dreigängiges Menü ohne Getränke

Titelthemen: Wuselige Gassen der Souks S. 37, 64 | Orientpop in der Djellabar S. 24, 72

KARTEN IM BAND
(116 A1) Seitenzahlen
und Koordinaten verweisen
auf den Cityatlas und die
Übersichtskarte Marrakesch
mit Umland auf S. 124/125
(O) Ort/Adresse liegt außerhalb des Kartenausschnitts
Es sind auch die Objekte mit
Koordinaten versehen, die
nicht im Cityatlas stehen

(116 A1) Koordinaten für
Marrakesch im hinteren
Umschlag
(𝄞 A–B 2–3) verweist auf
die herausnehmbare Faltkarte
(𝄞 a–b 2–3) verweist
auf die Zusatzkarte auf der
Faltkarte

UMSCHLAG VORN:
Die wichtigsten Highlights

UMSCHLAG HINTEN:
Karte der Medina

Die besten MARCO POLO Insider-Tipps

Von allen Insider-Tipps finden Sie hier die 15 besten

INSIDER TIPP **Kochen wie bei Muttern**
Im *Amal-Center* lernen Sie von marokkanischen Müttern und alleinstehenden Frauen, wie leckere Tajines zubereitet werden – und tun dabei noch Gutes (Foto re.) → S. 93

INSIDER TIPP **Cocktail schlürfen mit Blick auf die Medina**
Auf der Dachterrasse der *El Fenn Cocktail Bar* oder im Salon des zauberhaften Palastes schmeckt der Absacker auch zu marokkanischen Tapas → S. 73

INSIDER TIPP **Tschüss Kleid, hallo Teppich!**
Im *Musée Boucharouite* sind ganz besondere Teppiche zu sehen: Sie wurden aus recycelten Stoffresten gewebt → S. 35

INSIDER TIPP **Das Paradies auf Erden**
Im üppigen Garten *Anima*, der von André Heller konzipiert wurde, kommt man den Paradiesvorstellungen des Korans schon ganz schön nahe → S. 50

INSIDER TIPP **Mmmh, Gazellenhörner!**
Lassen Sie sich in der *Patisserie des Terrasses des Épices* das leckere Marzipangebäck *Cornes des Gazelles* einpacken → S. 94

INSIDER TIPP **Was plätschert da so schön in den Schlaf?**
Wenn Sie im *Riad Farnatchi* die Suite Nr. 1 buchen, haben Sie einen Innenhof mit Springbrunnen ganz für sich allein → S. 79

INSIDER TIPP **Keine Fata Morgana**
Ganz unerwartet taucht im Palmengürtel von Marrakesch das *Musée de la Palmeraie* mit Garten und schönem Café unter Bäumen auf. In beeindruckenden Räumen setzen lokale Künstler ihre Ideen in Bilder und Skulpturen um → S. 48

INSIDER TIPP **Avocadoshake 2.0**
Im Fruchtsaftladen *Snack al Balançoire* herrlich süßen, sämigen Avocadoshake schlürfen – und das ganz ohne einen Touristen in der Nähe → S. 57

INSIDER TIPP **Geschichten aus 1001 Nacht**

Bunter Kulturmix: Im *Café Clock* können Sie Hennamalen lernen, Geschichtenerzählern lauschen und coole Livemusik hören → S. 58

INSIDER TIPP **Wunderbare Stille**

Auf dem *jüdischen Friedhof* der *Mellah* kommen Sie bei einem Spaziergang entlang der alten Grabbauten zur Ruhe → S. 42

INSIDER TIPP **Hier kommt nicht jeder hin**

In unbekannte Ecken und auf versteckte Wege führt die Agentur *Medina mit Sabina:* Sabina BenChaira zeigt Ihnen ihr ganz persönliches Marrakesch → S. 107

INSIDER TIPP **Alte Muster neu in Szene gesetzt**

Für ihr Modelabel *Abury*, das sich an alten Berbermustern orientiert, lässt Andrea Bury marokkanische Schneiderinnen moderne Taschen und Accessoires nähen → S. 66

INSIDER TIPP **Köstlichkeiten, die wenig kosten**

Wer sich nicht an Tischdecken aus Papier und Brotkörben aus Plastik stört, kann im kleinen Restaurant *Bejganni* im gleichnamigen Viertel nahe Guéliz zur Mittagszeit für wenig Geld richtig gute Fleischgerichte und knackige Salate verputzen → S. 62

INSIDER TIPP **Stilvolles im Industrieviertel**

Sidi Ghanem liegt zwar weit außerhalb des Zentrums, für Fashionistas sind die außergewöhnlich vielen und extravaganten Designshops in der Gegend aber jeden Weg wert (Foto li.) → S. 48

INSIDER TIPP **Für 'n Appel und 'n Ei**

In ganz Marrakesch finden Sie keinen besseren Ort, um supergünstig Messingtabletts, Teegeschirr, alte Lampen und andere Dinge mit ein wenig Patina zu erstehen: frühmorgens auf dem Flohmarkt *Souk Bab el Khemis* → S. 68

BEST OF ...

TOLLE ORTE ZUM NULLTARIF

Neues entdecken und den Geldbeutel schonen

SPAREN

● **Flanieren im Olivenhain**
Der *Jardin Ménara* westlich des Szeneviertels Hivernage gehört zu den ganz wenigen Attraktionen der Stadt, die keinen Eintritt kosten. Ein Picknick unter Bäumen ist ein unbezahlbares Erlebnis→ S. 48

● **Staunen, hören, Feuer schlucken**
Das großartigste Schauspiel von ganz Marrakesch ist gleichzeitig auch das günstigste. Denn ein Besuch des *Djemaa el Fna* ist ein buntes und exotisches Gratisspektakel der Extraklasse. Lassen Sie sich das auf gar keinen Fall entgehen! → S. 29

● **Surfen unter Bäumen**
Die Stadt hat ohnehin nicht viele Parks, insofern ist jeder einzelne eine Wohltat. Der *Cyber Parc Arsat Moulay Abdeslam* hat jedoch noch einen weiteren Vorteil. Sie ahnen es schon... Im Park können Sie im Internet surfen, und zwar kostenlos → S. 28

● **Hämmern, Klopfen, Sägen**
In den *Souks* von Marrakesch gibt es mehr zu sehen als in allen Museen der Stadt zusammen. Hier können Sie stundenlang auf und ab schlendern, und garantiert werden Sie nicht müde, die Handwerker zu beobachten und den Orient tief in sich aufzunehmen (Foto) → S. 38

● **Kunst im Altstadtpalais**
Wenn Sie im *Dar Cherifa* rund um einen prächtigen Innenhof an Werken marokkanischer und internationaler Künstler vorbeigeschlendert sind, ohne Eintritt zu bezahlen, ist danach noch locker ein köstlicher Minztee im Literaturcafé im Budget drin → S. 32

● **Zum Ersten, zum Zweiten – und zum Dritten!**
Ab dem späten Vormittag wird im *Teppich-Souk* nahe dem Rahba Kedima flauschige Auslegware versteigert. Bauern kommen aus den Bergen hierher, um die von ihren Frauen handgefertigten Teppiche an die Händler zu verkaufen. Ein unglaublich farbenfrohes Spektakel! → S. 37

● ● ● ● Diese Punkte zeichnen in den folgenden Kapiteln die Best-of-Hinweise aus

● *Unter Volldampf*

Jeden Abend kurz vor Sonnenuntergang werden die *Garküchen auf dem Djemaa el Fna* aufgebaut, dem Herzen von Marrakesch. Vor allem Einheimische genießen für wenig Geld frisch gekochte, einfache Speisen → S. 54

● *Mit der Pferdekutsche Marrakesch erkunden*

Zugegeben, auch in anderen Orten Marokkos können Sie in *Pferdekutschen* steigen. Aber nirgendwo sonst sind diese so zahlreich und so aufwendig geschmückt wie in Marrakesch. Mit einer Kalesche können Sie eine wunderbare Stadtrundfahrt machen, z. B. entlang der Stadtmauer → S. 27

● *Blauer als blau*

Das Blau, das der Maler Jacques Majorelle auf seiner Palette gemixt hat, leuchtet so unglaublich intensiv, dass der Himmel bei Sonnenschein daneben blass wirkt. Flanieren Sie im *Jardin Majorelle*, und lassen Sie sich von der Leuchtkraft der Farbe betören → S. 47

● *Der Tee, der Whisky Marocain heißt*

Tee wird in Marokko nicht einfach getrunken, sondern zelebriert. Und weil er so eine einzigartige Farbe hat, heißt er auch nicht einfach Tee, sondern *Whisky Marocain* (Foto). In aufwendiger Zubereitung wird der heiße Minztee aus großer Höhe in Teegläser geschenkt, sodass möglichst viel Schaum entsteht. Wunderbar stilvoll können Sie das im Innenhof des *Maison Arabe* erleben, wo zum köstlichen Tee marokkanisches Gebäck serviert wird → S. 59

● *Wohnen wie in 1001 Nacht*

In keiner anderen Stadt Marokkos gibt es so viele zu Gästehäusern umgebaute Stadtpalais wie in Marrakesch. Wer hierher kommt, hat die Qual der Wahl unter 1000 Riads, und eins ist schöner als das andere. Ein Traum ist das *Riad Enija* → S. 79

● *Nächte durchtanzen*

Marrakesch ist mehr als märchenhafte Vergangenheit, Marrakesch kann auch topmodern. Zum Beispiel im Szeneclub *Jad Mahal*, wo Orient und Okzident zu einem einzigartigen, faszinierenden Mix verschmelzen → S. 74

TYPISCH

BEST OF ...

In alten Zeiten schwelgen

Marrakesch mal nicht in Farbe: Im *Maison de la Photographie* entführen historische Fotografien in das Stadtleben im frühen 20. Jh. Umso besser, wenn es lange regnet, denn Zeit sollten Sie sich lassen für diese spannende Zeitreise! → S. 33

Tajine kochen leicht gemacht

Wer will schon am Herd stehen, wenn es draußen 40 Grad heiß ist? Aber wenn es regnet, ist das eine gute Gelegenheit, um das marokkanische Nationalgericht, die *Tajine* (Foto), kochen zu lernen. Spaß macht das z. B. im *Souk Cuisine* → S. 84

Megamäßig in Kauflaune?

Das Monster-Shopping-Center *Menara Mall* ist Marrakeschs neuste Indoor-Errungenschaft. Hier können Sie stundenlang bummeln, Ihre Kinder im Spieleparadies abgeben und im Obergeschoss mit herrlichem Blick auf die Dächer Cappuccino trinken → S. 69

Im Dampf baden

Wenn es draußen stürmt und regnet, ist ein warmes Bad eine wahre Wohltat. Doch statt einer Badewanne erwarten Sie in Marrakesch zauberhafte Hammams: Dampfbäder, in deren Schwaden Sie eintauchen und abtauchen können, wie im *Hammam Rosa Bonheur* → S. 37

Raus in die Sonne!

Sonne? Bei Regen? Na klar! Denn wenn es in Marrakesch nass und grau ist, ist der Himmel in *Oukaimden* im Hohen Atlas meist schon wieder blau! Je höher hinauf, desto größer die Wahrscheinlichkeit → S. 52

Schmökern, schwatzen, schauen

Im Szeneviertel Guéliz können Sie im Literaturcafé *Café du Livre* beim Lesen und Kaffeetrinken so manchen verregneten Nachmittag verbringen. Ab und zu gibt es auch Konzerte, hin und wieder Ausstellungen → S. 56

REGEN

ENTSPANNT ZURÜCKLEHNEN
Durchatmen, genießen und verwöhnen lassen

● Spa vom Feinsten
Wenn schon Luxus, dann aber richtig. Eins der besten Hotels weltweit, das Hotel *La Mamounia*, trumpft mit einem Spabereich der Extraklasse auf. In Dampfbädern, Wellness-Oasen und Schwimmbecken lassen Sie sich von hoch qualifiziertem Personal so richtig verwöhnen → S. 80

● Über den Dächern von Marrakesch
Den Sonnenuntergang auf einer phantastischen Dachterrasse (Foto) genießen, einen Aperitif schlürfen und dabei der Geräuschkulisse des Djemaa el Fna lauschen – das geht im Restaurant *Le Salama* mitten in der Medina in chilliger Atmosphäre → S. 75

● Besser essen gehen geht nicht
Sie müssen unbedingt ein paar Tage vorher reservieren, wenn Sie in diesem Spitzenrestaurant einen Platz ergattern wollen. Im reinen Frauenbetrieb des *Al Fassia* wird hervorragendes Essen gekocht, das Sie am besten stundenlang in aller Ruhe genießen → S. 57

● Ruhe, Frieden, Beldy Club
Der *Beldy Country Club* vor den Toren der Stadt gehört zu den schönsten Ruheorten von Marrakesch. Das riesige Areal mit seinen fünf Pools, Spa und Hammam kommt europäischen Wünschen sehr nahe, Restaurants und Cafés sorgen für Stärkung nach der Tiefenentspannung → S. 37

● Sich im Park der Koutoubia zurücklehnen
Mitten in der lauten Innenstadt innehalten, sich in den Schatten setzen und durchatmen: Das gelingt am besten im *Koutobia-Garten*, dem Park hinter der Koutoubia-Moschee, wo Sie alles ausblenden können, was stresst → S.31

● Im Klang der Musik versinken
Nicht nur die Konzerte, die hin und wieder im *Musée de Mouassine* stattfinden, sind einfach großartig, sondern auch das Gebäude an sich ist Balsam für die Augen mit seinen herrlichen Innenräumen und prächtigen Decken → S. 36

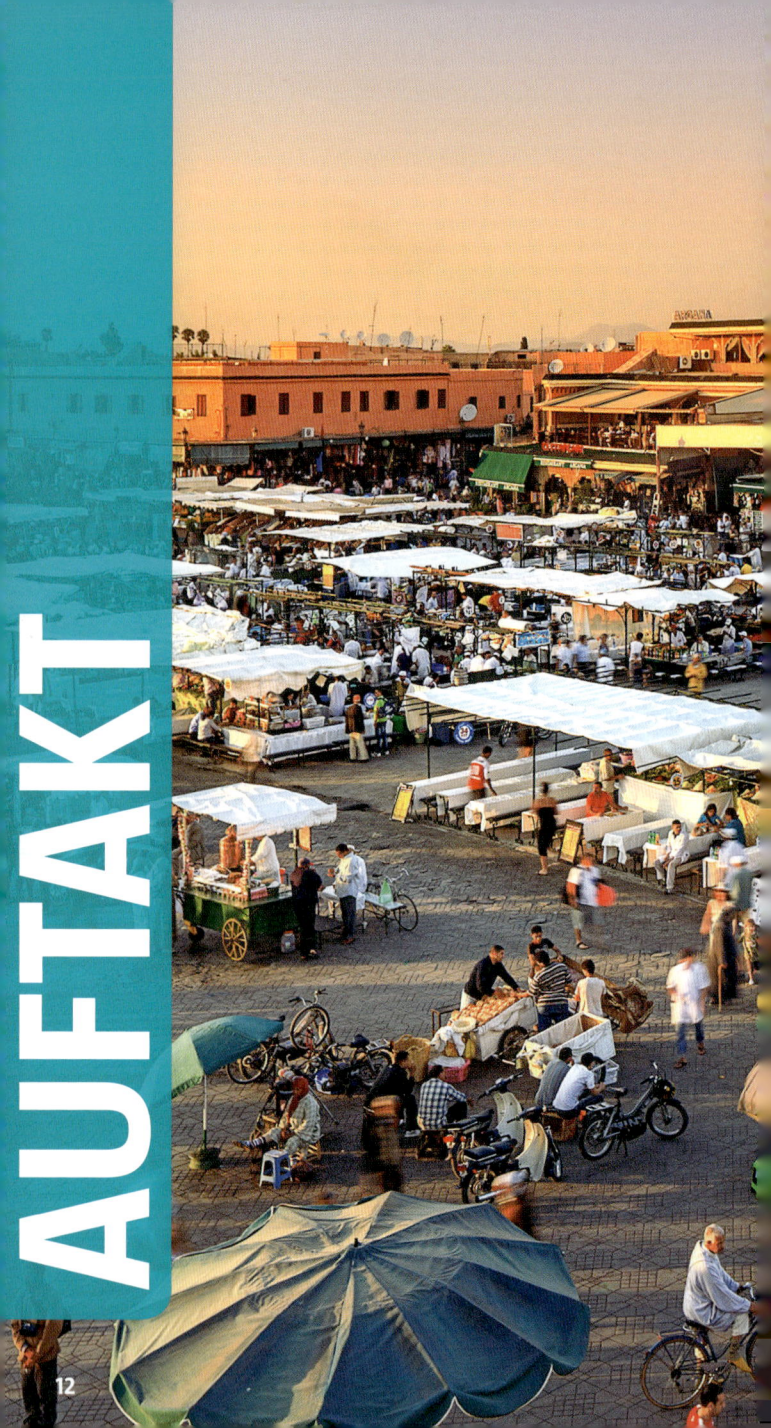

ENTDECKEN SIE MARRAKESCH!

„Hast du nur noch einen Tag zu leben, dann verbringe ihn in Marrakesch" – so heißt eine marokkanische Redensart. Wenn das mal keine Ansage ist! Für Marokkaner ist die Berbermetropole der Inbegriff des Landes: *bunt und verrückt*, lebendig und ruhig, orientalisch, europäisch und afrikanisch, traditionell und modern, groß und irgendwie doch klein, übersichtlich, aber *nie langweilig*! Kurz gesagt: Marrakesch ist eine aufregende, anregende Stadt. Wer als Besucher in die Millionenstadt am Fuß des Hohen Atlas kommt, hat seine eigenen Bilder vom Orient, von Exotik im Kopf. Und wird erleben, dass die Stadt tatsächlich ein wahr gewordener *Traum aus 1001 Nacht* ist, ein Fest der Sinne, der Farben und Formen, der Düfte und Rhythmen. Marrakesch ist ganz großes Kino!

Beginnen Sie Ihre Entdeckungstour am besten bei Sonnenuntergang am *Djemaa el Fna*, dem Zentrum der Stadt. Zur blauen Stunde ist das allabendliche Treiben der *Schlangenbeschwörer, Affenbändiger, Gaukler,* Trommler, Akrobaten und Märchenerzähler besonders eindrucksvoll. Schlendern Sie an den unzähligen *mobilen Garküchen* vorbei, deren aufsteigende Rauchschwaden die Szenerie zu einer fast surrealen Kulisse machen. Kosten Sie für ein paar Cent eine *Harira*, eine leckere ma-

---

Bild: Djemaa el Fna   **13**

rokkanische Gemüsesuppe, und lassen Sie sich einfach treiben. Oder betrachten Sie das knallbunte Spektakel aus sicherer Entfernung: In einem der umliegenden Restaurants mit Dachterrasse können Sie bei einem süßen *thé à la menthe*, dem Nationalgetränk der Marokkaner, ganz entspannt zuschauen. Doch ganz gleich, ob mittendrin oder als Beobachter am Rand: Am Djemaa el Fna schlägt das Herz von Marrakesch, und wer die Stadt erobern will, der fängt hier an.

Am besten, Sie kommen am nächsten Morgen wieder, wenn es noch angenehm kühl ist. Jetzt ist der Platz nahezu leer. Stärken Sie sich in einem der Straßencafés mit einem Café au Lait oder einem frisch gepressten Orangensaft für den Besuch eines der größten Basare Afrikas, den *Souks von Marrakesch*. Ob Gewürz- oder Stoffhändler, Teppich- oder Souvenirverkäufer: Jede Branche hat ihr eigenes Quartier. Je weiter Sie in dieses enge Labyrinth vordringen, desto ursprünglicher und archaischer wird es: *Kesselschmiede, Schreiner, Drechsler, Schuhmacher, Färber und Gerber* – bei all diesen Handwerken und Kunsthandwerken können Sie hautnah die Herstellung beobachten. Dabei ist dies keine Inszenierung für Touristen, sondern eine über Jahrhunderte gewachsene Tradition.

Denn die ehemalige marokkanische Hauptstadt war von Anfang an eine Handelsmetropole. Nicht zufällig wurde Marrakesch im 11. Jh. im Zentrum einer Oase inmitten der fruchtbaren Haouz-Ebene an einem strategisch wichtigen Punkt *entlang der Karawanenroute* zwischen Andalusien und Schwarzafrika gegründet. Hier machten die Karawanen ihre letzte große Rast, bevor sie Richtung Süden über

Bunt und verrückt, lebendig und modern

den Hohen Atlas weiterzogen, oder sie ruhten sich auf dem umgekehrten Weg von den Strapazen der Gebirgsüberquerung aus. Egal aus welcher Richtung: Sie mussten die mächtigen Stadttore von Marrakesch passieren. Bis heute kann man im *Kasbah-Viertel*, aber auch weiter nördlich in der Medina, die Reste dieser Tore erkennen. Und je tiefer Sie in die Altstadt hineintauchen, desto augenfälliger werden auch *der Reichtum und die Macht* der strategisch so bedeutsamen Stadt. Zweimal wurde sie gar zur marokkanischen Hauptstadt – im 12. und im 16. Jh. – erklärt. Auch wenn sie diesen Titel jeweils wieder abgeben musste, spiegelt sich der Glanz der bedeutenden Handelsmetropole bis heute in *prachtvollen Moscheen, Palästen und Koranschulen*

Viel Liebe zum Detail: Unglaublich üppig verziert ist die Koranschule Medersa Ben Youssef

wider. So ist die vor knapp 900 Jahren erbaute *Moschee Koutoubia* immer noch das architektonische Vorbild aller Moscheen des Landes – auch wenn sie erst auf den zweiten Blick ihre wahre Pracht entfaltet.

Die *heimliche Hauptstadt von Marokko* ist Marrakesch geblieben, obwohl sie lange zur Provinzstadt degradiert wurde. Erst für die französischen Besatzer gewann sie wieder wichtige strategische

> **Die alten Paläste leuchten in Rottönen**

Bedeutung. In den 1920er-Jahren gründeten sie sogar eigene Viertel außerhalb der Stadtmauern – *Guéliz und Hivernage* –, die bis heute das moderne Zentrum von Marrakesch bilden. Eine Zeitlang sah es sogar so aus, als würde die Medina verfallen. Denn als 1956 die Franzosen Marokko verließen, zog es die reicheren Einheimischen vor die Stadttore in die modernen Bauten, nur die Armen blieben in der Altstadt zurück, Bürgerhäuser und Paläste verwaisten.

Dafür entdeckten die Europäer die Medina für sich – *Bohemiens und Künstler* jeder Couleur, Aussteiger und Hippies machten Marrakesch ab den 1970er-Jahren zu ihrem *Sehnsuchtsort*. Sie schwärmten von den klaren, kräftigen Farben, der wilden, klangvollen Musik, den lebendigen Menschen. Musiker wie Jimi Hendrix und Crosby, Stills, Nash & Young („Marrakesh Express"), Maler wie Jacques Majorelle oder der Modemacher *Yves Saint Laurent* entdeckten die verfallenen Paläste und Bürgerhäuser wieder, und schnell sprach sich die Pracht der alten Gemäuer herum. Jugendliche zog es zum südlichsten Punkt, der mit dem Interrail-Ticket erreichbar war, eine Gay-Szene etablierte sich. ***Sex and Drugs and Marock 'n' Roll*** war die Devise in den 70er- und 80er-Jahren. Die Häuser in der Medina wurden angemietet, später auch aufgekauft und aufwendig renoviert. 1985 schließlich wurde die Altstadt von Marrakesch mit den angrenzenden Ménaragärten unter den Schutz des Unesco-Welterbes gestellt. Zu Beginn der 1990er-Jahre entstanden in den renovierten Wohnpalästen ***Riads***, kleine Herbergen, deren Zimmer sich um den charakteristischen Innenhof mit seinem plätschernden Brunnen gruppieren. Sie locken bis heute immer mehr Reisende und Touristen ins Zentrum der Medina. Kein Wunder! Nirgendwo sonst kommt man inmitten der Hektik der Altstadt so zur Ruhe wie in den wunderschönen Innenhöfen der alten Paläste, die von außen oft ziemlich unscheinbar wirken. Sie sind alle aus rötlichem Lehm gebaut, weshalb Marrakesch auch die ***Rote Stadt*** genannt wird. Insbesondere am Abend leuchten die Paläste im Schein der untergehenden Sonne in warmen Rottönen. Noch heute müssen alle Fassaden rot gestrichen werden, es gibt sogar eine Bauverordnung, die andere Farben als Rottöne (von Ocker bis Lila) verbietet. Eine andere, weniger romantische Erklärung für Marrakeschs farbigen Beinamen: Er rühre von all dem Blut, das in der häufig umkämpften Stadt geflossen sei.

> **Letzte große Rast auf der Karawanenroute**

Heute hat sich Marrakesch neben einer Touristenhochburg immer mehr auch zum ***Hotspot des internationalen Jetsets*** entwickelt, zum Treffpunkt der Schönen und Reichen. Nicole Kidman war eine der ersten, ihr folgten Katie Perry und Fußballstars wie Cristiano Ronaldo, der vor Kurzem sein erstes Hotel in Marrakesch eröffnet hat. Sie alle schätzen hier exotisches Flair und orientalisch-üppigen Komfort als ***malerische Kulisse*** und Laufsteg für glamouröse Veranstaltungen wie das ***Filmfestival***, hochdotierte Golf-Events oder die Tourenwagen-Weltmeisterschaft. Bei der Siegesfeier oder Vernissage in einer der schicken Galerien fließt dann Champagner und nicht wie in anderen arabischen Ländern üblich alkoholfreies Rosenwasser.

Wer nun aber glaubt, ganz Marrakesch sei eine einzige Partymeile, der irrt. Der westliche Lebensstil mit seinen ausschweifenden ***Poolpartys in angesagten Clubs*** ist nur eine Seite der Medaille. Denn wenn fünfmal am Tag von den Minaretten der ***Gebetsruf des Muezzins*** erschallt und die Gläubigen zum Gebet ruft, folgt ihm die Mehrzahl der Bevölkerung. Schließlich sind die Einheimischen, trotz aller westlichen Einflüsse, muslimisch geprägt. ***Al Hamdulillah***, gepriesen sei Gott, hört man an allen Ecken und Enden. ***Inscha'allah***, so Gott will, werden alle daran erinnert, dass nichts ihrem freien Willen entspringt.

Und dennoch wird niemand indoktriniert oder aufgrund seiner Religion abgelehnt. Der Islam in Marokko ist Nicht-Muslimen gegenüber extrem aufgeschlossen. Der König, von seinem Volk liebevoll ***M6*** (von Mohammed VI.) genannt, kann als oberster Befehlshaber aller Gläubigen neben den politischen Geschicken des Landes auch die religiöse Entwicklung lenken. Als ***einziges muslimisches Staatsoberhaupt*** überhaupt hat er eine islamische Gelehrtenschule gegründet, die jeder Imam durchlaufen muss, bevor er an einer Moschee lehren und predigen darf. Wer hier durch radikales oder

gewaltbereites Gedankengut auffällt, der fliegt. So ist *Toleranz* eine Staatsangele-
genheit. Man lebt in der Stadt nicht unbedingt miteinander, aber man lebt extrem
gut nebeneinander. Doch wo viel Glanz, da auch viel Schatten! So schießen die *Mieten und Grundstückspreise* in schwindelerregende Höhen, die Stadt wächst und
wächst und wächst. Dass dies auf Kosten der Umwelt, vor allem der Wasserqualität
und letztlich auch der Wasserquantität geht, ist klar. Denn nicht nur die Vorortviertel
wachsen – auch Golfplätze, große Hotels und schicke Clubs werden aus dem Boden

Bunt, laut, lebendig: Auf Marrakeschs Straßen duftet es nach orientalischen Gewürzen

gestampft. Für den *Umweltschutz*, erst seit jüngster Zeit überhaupt ein Thema in
Marokko, engagiert sich der König höchstpersönlich. Und was der anpackt, geht
meistens gut. Direkt nach Ausbruch
des Arabischen Frühlings, 2011, erließ
Mohammed VI. eine neue Verfassung,
die auf alle Belange der Opposition im
Land einging, und ließ die *ersten frei-
en Wahlen* abhalten. So ist Marokko

> **Die Stadt wächst und
> wächst und wächst**

heute eins der ganz wenigen arabischen Länder, die eine nahezu westliche Verfassung haben – mit einem frei gewählten Präsidenten.

Nur drei Flugstunden entfernt, betreten Sie eine fremde Welt. Aber nicht nur die Stadt
ist aufregend, auch die nähere Umgebung, vor allem der *Hohe Atlas* direkt vor den
Toren der Stadt, ist ein hervorragendes Ausflugsziel. Wenn es zu heiß wird, können
Sie Ski fahren in den Bergen, rudern und baden in den Stauseen, *Wasserfälle und
Paradiesgärten* bewundern. Seien Sie also willkommen, und lassen Sie sich ein auf
die Wunder in dieser einzigartigen Stadt!

IM TREND

1 Alles drin

Concept-Stores Gerade in Marrakesch, der Trendmetropole im Bereich Inneneinrichtung und Dekoration mit ihren hervorragenden Handwerkern, gibt es ganz fantastische Concept-Stores. In dieser Mischung aus Warenhaus und Boutique, die sich nicht auf ein festes Sortiment festlegen lässt, finden Sie ein ungewöhnliches, vielfältiges Angebot – von Accessoires über Klamotten und Haushaltsbedarf bis zu Deko, Kunst und Spielzeug. Einer der ersten und besten Concept-Stores in Marrakesch ist *33 Rue Majorelle (www.facebook.com/33RueMajorelle) (Foto)* gegenüber dem gleichnamigen Garten.

Kunstrausch

Galerien Lange Zeit galt moderne Kunst als zu westlich, zu gotteslästerlich, zu modern. Inzwischen aber sind Galerien wie *Dar el Bacha (Rue Dar el Bacha, Bab Doukkala)* und *Noir sur Blanc (48, Rue Yougouslavie)* in Guéliz der neue Hotspot der Marrakschis geworden. Hier trifft sich die High Society und die kreative Szene bei Sekt und Cola, neue Künstler aller Couleur werden gefeiert und etablierte verehrt.

3 Erste Hilfe

Gutes tun ... ist in der traditionellen islamischen Gesellschaft Pflicht. In einer individualisierten Gesellschaft – und dazu gehört Marokko immer mehr – ist das aber nicht mehr so. Zum Glück besinnt man sich wieder auf seine Wurzeln und hat aus der ehemaligen Pflicht einen Trend gemacht. Vor allem reiche Upperclass-Marokkaner, aber auch Ausländer in Marokko initiieren tolle Projekte. Sie schließen die Lücken dort, wo staatliche oder private Hilfe nicht mehr hinkommt. Sehr gute Arbeit leistet die ⚫ **INSIDER TIPP** ▶ *Frauenkoope-rative Reseau Femmes Artisanes (Souk Lakchachbia, nahe dem Souk des Babouches)*, die vor allem Kissenbezüge, Decken, Schmuck und anderes Kunsthandwerk herstellt. Die Frauen verdienen direkt und haben einen kleinen Verkaufsladen in Bin Lamaassar.

Müll-Abfuhr

⚫ *Recyclage Maroc* Kein Witz! Obwohl Marokko weltweit an zweiter Stelle steht, was die Verwendung von Plastiktüten betrifft, sind dort Plastiktüten verboten. Die Bewegung *Recyclage Maroc* setzt sich schon seit ein paar Jahren für die Wiederverwertung von Müll ein und zeigt eindrucksvoll, wie man Körbe und Taschen, Stühle und Matten, Teppiche und sogar Schuhe aus altem Plastik herstellen kann. Die Recycling-produkte aus Plastik sind richtig stylish und voll im Trend. Im südlichen Teil der *Rue Riad Zitoun el Kdim* haben sich zum Beispiel Läden angesiedelt, die aus alten Autoreifen tolle Möbel und Dekogegenstände herstellen und verkaufen.

Auf der Mauer

Wandbilder Erst war es nur eine Wand, dann zwei, dann drei, und mittlerweile gibt es in der ganzen Stadt vollgesprühte Häuserwände – aber nicht mit einfachen Graffiti, sondern mit fantastischen Bildern. Überlebensgroß, ganz häufig Porträts, immer wieder auch mit kritischem Tenor. Zu finden sind die Kunstwerke vor allem an Fassaden in der Medina, aber auch in der Neustadt. Häufig ändern sich die Plätze, denn die gesprühte Kunst ist nicht für die Ewigkeit gedacht und entsteht an vielen Ecken immer wieder neu. Schauen Sie mal hinter die *Medersa Ben Youssef*. Dort ist eine Mauer, an der gern gesprüht wird.

FAKTEN, MENSCHEN & NEWS

BERBERCITY

Marrakesch gilt als die Hauptstadt der Berber, da hier ein Großteil der Einwohner berberischen Ursprungs ist. Wer aber sind die Berber, die Marrakesch zu ihrer Hauptstadt auserkoren haben? Tatsächlich ist ihre Herkunft nicht genau geklärt. Sicher weiß man nur, dass Berber der Sammelname für all jene ist, die die Römer vorfanden, als sie im 2. Jh. v. Chr. versuchten, Nordafrika zu erobern.

Der Begriff Berber stammt vom lateinischen Wort für „stammeln" ab und bezeichnete im alten Rom all diejenigen, die kein Latein sprachen. Also eine wenig schmeichelhafte Bezeichnung, weshalb sich die Berber lieber *Amazirin*, also „freie Menschen", nennen. Da sich mit der Zeit Berber und Araber immer mehr durchmischt haben, ist es heute gar nicht einfach, beide Volksgruppen voneinander zu unterscheiden. Sozial sind die Berber den Arabern gleichgestellt, sodass es außer der Sprache kaum noch Unterscheidungsmerkmale gibt.

DER LÖWE DES ATLAS

Er gilt als der berüchtigtste, brutalste und mächtigste Berberfürst, der je in Marrakesch regiert hat. Über Jahrzehnte versuchten die Marokkaner, Mohammed el Glaoui (1870–1956), den „Löwen des Atlas", aus ihrem kollektiven Gedächtnis zu eliminieren, doch letzten Endes ließen sich seine Hinterlassenschaften nicht ignorieren. Allein in Marrakesch stehen zahlreiche Paläste – wie das *Musée de Marrakech* –, die er in seiner mehr als

In der In-Metropole Afrikas pulsiert ein Mix aus Oriental Pop, M6, Tattookunst – trotz 30 Tagen Enthaltsamkeit im Jahr

drei Jahrzehnte währenden Amtszeit erbauen oder restaurieren ließ, und sie alle abzureißen, das wäre ein Verrat an der marokkanischen Architektur gewesen. Also akzeptierte man el Glaoui als einen Teil der Geschichte, nicht aber, ohne immer wieder darauf hinzuweisen, dass er ein Verräter war, der Anfang des 20. Jhs. mit den Franzosen kooperiert und somit gegen den Unabhängigkeitskampf seiner Landsleute agiert hatte.

Die Europäer jedoch liebten ihn. Denn er richtete für sie rauschende Feste aus.

Nichts schien ihm unmöglich – er organisierte auf den Partys Haschisch und Opium, heuerte minderjährige Sexsklaven an und beschenkte seine Gäste mit Diamanten und Gold – so zumindest steht es in zeitgenössischen Schriften. Das Geld stahl er den Armen und dem Sultan, er kontrollierte die Handelswege nach Süden und baute sich so ein Imperium auf, das ihn lange Zeit zum wichtigsten Mann Marokkos machte. Mit der Unabhängigkeit 1956 war Schluss damit: Der Pascha wurde verbannt. Er zog nach Frankreich, sein Besitz wurde verstaatlicht, und kurze Zeit später starb er.

EIN MONAT ENTHALTSAMKEIT

Wer nach Marrakesch reist, sollte sich ernsthaft überlegen, ob er dies wirklich im Fastenmonat Ramadan macht.

läste haben stark reduzierte Öffnungszeiten, und die Stimmung im Land ist deutlich angespannter als im restlichen Jahr. Machen Sie sich darauf gefasst, dass Ihnen Einheimische dann auch mal ungeduldig und gereizt begegnen. Wer also kann, sollte seine Reise auf die restlichen elf Monate verlegen.

Schlangen sind taub: Eine Kobra „tanzt" zur Musik eines Schlangenbeschwörers

Denn der neunte islamische Monat, der sich Jahr um Jahr um zehn Tage nach vorne verschiebt, ist eine Zeit der Rückbesinnung und des Verzichts. Gläubige Marokkaner fasten dann von Sonnenaufbis Sonnenuntergang. Das kann gerade in den Sommermonaten eine sehr lange Zeit sein.

Fasten bedeutet im Islam nicht einfach nur den Verzicht auf Essen, sondern auch auf Trinken, Sex und Rauchen. Dementsprechend sind die meisten Restaurants und Cafés während des Ramadans tagsüber geschlossen, viele Museen und Pa-

FRAUENPOWER

Schon immer hatten Marokkos Frauen innerhalb der muslimischen Welt einen Sonderstatus – denn in kaum einem anderen muslimischen Land gab es so viele einflussreiche Frauen wie hier. Bis heute ist Marokko auch eins der ganz wenigen arabischen Länder, in denen Frauen zumindest vor dem Gesetz die exakt gleichen Rechte haben wie Männer. Dass Marrakesch als Trendmetropole auch hier die Nase vorn hat, beweist Fatima-Zahra Mansouri, die 2009 mit nur 33 Jahren Bürgermeisterin von Marrakesch wurde. Die Rechtsanwältin aus gutbürgerlicher Familie war damit die erste Frau des Landes, die eine so große und wichtige Stadt regierte. Sie tat es mit großem Erfolg: Während ihrer sechsjährigen Amtszeit stiegen die Einnahmen der Stadt um 40 Prozent. Sie flossen ausnahmslos in die Infrastruktur der Stadt sowie in die Schaffung von Arbeitsplätzen – und nicht in ihre privaten Taschen, wie bei so manch einem ihrer Vorgänger!

GAUKLER & GEISTER

Tänzern und Sängern, Gauklern und Feuerspuckern zuzusehen ist ein großer, farbenfroher Spaß. Wer ihre Künste bewundert, ahnt wohl nicht, dass sie viel mehr als nur der Unterhaltung dienen, sondern für Marokkaner eine tiefe Bedeutung haben. Mit ihrer Kunst versuchen sie Geister zu beruhigen oder abzulenken, sodass von Geistern Besessene sich wieder befreien und durchatmen können. In Marokko existieren einige große sowie zahlreiche kleinere mystische Bruderschaften. Fast alle präsentieren sich der Öffentlichkeit als Künstler und Artisten. Mitglieder der Gnaoua zum Beispiel, einer Sufi-Bruderschaft, tragen auf dem Kopf einen Fes mit Bommel, den sie im Kreis drehen und dazu Geisterbeschwörungslieder singen. Auch die Hamandscha singen und tanzen, beten dabei und sammeln danach Geld ein. Als Tourist kann man das einfach nur pittoresk finden – wir glauben ja auch nicht an Geister, oder doch?

GEDREHT IN …

Spätestens seit dem Film „Marrakech" (1999) mit Kate Winslet ist klar: Die Berbermetropole gibt eine hervorragende Filmkulisse ab. Sie ist exotisch, hat unglaublich schöne Plätze und Paläste, das Wetter ist fast immer gut, das Licht vor allem in den Wintermonaten großartig, die Menschen sind offen und freundlich, die Behörden sind kooperativ, und außerdem verfügt die Stadt über die notwendige Infrastruktur, die eine Filmcrew braucht, sprich: Luxushotels für die Stars und Sternchen und jede Menge toller Komparsen.

Schon 1930 wurde hier „Morocco" gedreht – mit Gary Cooper und Marlene Dietrich in den Hauptrollen. Die Liebesgeschichte um die junge Nachtclubsängerin Amy Jolly, die in Marrakesch lebt und arbeitet, führt durch ganz Marokko. Ein handfester Krimi ist dagegen Alfred Hitchcocks Filmklassiker „Der Mann, der zu viel wusste" (1955) mit Doris Day und James Stewart in den Hauptrollen. Auch „Sex and the City II" (2010) – laut Drehbuch spielt die Serie aber in Abu Dhabi – und Oliver Stones Monumentalfilm „Alexander" (2004) mit Angelina Jolie in der weiblichen Hauptrolle wurden zum Großteil in Marrakesch gedreht.

LIEBLING DER STARS

Hollywoodgrößen wie Tom Cruise, Nicole Kidman und Angelina Jolie lieben Marrakesch. Aber nicht nur sie. Fußballstar Cristiano Ronaldo baut gerade sein eigenes Hotel in der roten Stadt, und andere Superstars verbringen hier immer mal wieder ein Wochenende in einem der großen Clubs. Mediamarkt-Gründer Walter Gunz lebt seit Jahren in der Berbermetropole, und auch der französische Modemacher Yves Saint Laurent hat hier seine letzten Lebensjahre verbracht. Marrakesch ist seit einigen Jahren die In-Metropole Afrikas und weltweit eine der beliebtesten Destinationen der ganz Großen. Während sich die Oberen Zehntausend in ihren Heimatländern meist verstecken und ihre Villen abriegeln, kann man in Marrakesch mit etwas Glück schon mal den ein oder anderen Blick auf einen internationalen Star erhaschen,

z. B. im Strandclub *Plage Rouge*, im Luxusresort *Amanjena* oder an der Bar des Hotel *La Mamounia*.

M6

Die Marokkaner lieben ihren König, den sie M6 (von Mohammed VI.) nennen. Und der König liebt Marrakesch. Auch wenn der offizielle Regierungssitz in Rabat liegt, so ist Marrakesch doch die heimliche Hauptstadt des Landes. Der König ist in jeder freien Minute hier, und ihm folgen sie alle.

Seit der Unabhängigkeit 1956 ist die Monarchie fest in Marokko etabliert. Und auch wenn der Regierung vorgeworfen wird, dass sie korrupt sei, zu wenig gegen die hohe Arbeitslosigkeit unternehme und in Giftmüllskandale verwickelt sei, wird es wohl kaum einen Marokkaner geben, der die Monarchie an sich in Zweifel zieht. Denn der 1963 geborene und seit 1999 regierende König gilt als Wohltäter des Landes. Seit Mohammed VI. sich mehr und mehr auch um die Belange der armen Bevölkerung kümmert und politische Verantwortlichkeiten abgibt, verstummen auch die Königskritiker immer mehr.

MAROCK 'N' ROLL

Claude Challe? Nie gehört. Vielleicht kennen Sie seinen Namen nicht, aber bestimmt kennen Sie seine Musik. Denn der 1945 geborene Tunesier mit französischem Pass ist der wohl bekannteste DJ für Oriental-Modern-Mix. Auf ihn geht die Musik der Buddha-Bars weltweit zurück. Zig Alben hat er auf den Markt gebracht, in zahlreichen Lounges auf der ganzen Welt wird seiner Musik gelauscht. Was das mit Marrakesch zu tun hat? Ganz einfach: Claude Challe hat hier seine eigene Bar eröffnet, die *Djellabar* (s. S. 72). Sie steht für marokkanische Popkultur wie keine zweite Bar in Mar-

rakesch und hat damit einen bis heute anhaltenden Trend gesetzt, der die Musikszene Marrakeschs nachhaltig prägt.

RASCHWA

Korruption ist ein marokkoweites Phänomen, das vor allem in Marrakesch sein Unwesen treibt. Der Kampf gegen *Raschwa* – so das marokkanische Wort für Korruption – scheint einer gegen Windmühlen zu sein, denn solange die Oberen Zehntausend von diesem System profitieren, kann es selbst ein König nicht abschaffen – auch wenn dies erklärtes Ziel von Mohammed VI. ist. Hier ein paar Dirham, und man darf über eine rote Ampel fahren, dort ein paar Tausend Dirham, und man bekommt seine Konzession für ein Riad, das gar keins sein darf. So einfach ist das.

Dabei wären Schmiergelder gar nicht notwendig, denn Marrakesch geht es wirtschaftlich gesehen weit besser als den meisten anderen Städten Marokkos. Die immensen Einnahmen aus dem Tourismus werden geschickt in die Stadtentwicklung gesteckt, um erst gar keine Slums entstehen zu lassen, wie es sie etwa in Casablanca gibt. So sollen vom Tourismus unabhängige Arbeitsplätze für die Einheimischen entstehen. Denn wie unsicher diese Einnahmen sind, zeigte sich, als 2011 eine Bombe auf dem Djemaa el Fna in die Luft ging. Der Terroranschlag forderte nicht nur 17 Menschenleben, von einem Tag auf den anderen verloren auch Tausende Menschen ihren Arbeitsplatz.

SOUNDS OF MARRAKESCH

Wer lärmempfindlich ist, wird es in Marrakesch nicht wirklich leicht haben – zumindest nicht in der Medina. Denn die Fenstergläser sind meist sehr dünn, die Wände hellhörig, und gerade wer in

Magische Hände: Hennamalereien verleihen angeblich überirdische Kräfte

einem Riad wohnt, wird von der Akustik der Innenhöfe beeindruckt sein, zumindest dann, wenn viele Gäste da sind. Hinzu kommt, dass der Muezzin schon früh am Morgen die Gläubigen zum Gebet ruft, und wer danach endlich wieder eingeschlafen ist und ein Fenster zur Gasse hinaus hat, wird die Müllsammler hören, die mit Eseln und Maultieren durch die Medina laufen und die Abfälle einsammeln. Wenn Sie aber glauben, Lärm gäbe es nur am Morgen und in der Nacht, irren Sie. Auch tagsüber ist immer überall Krach. Mopeds knattern rechts und links der Passanten vorbei, Autos hupen wild, und Lastenträger mit Eselskarren rufen jedem, der ihnen in die Quere kommt, ein lautes *Ballak* – „Aus dem Weg!" – zu.

Wer also Ruhe haben will, muss sie gezielt suchen. Er findet sie tagsüber in den Innenhöfen der Riads, wenn die Gäste ausgeflogen sind, in manchen Cafés und in vielen Gärten und Parks der Stadt. An solchen Orten kann die Ruhe überwälti-

gend sein. Und bald schon stellt sich eine Sehnsucht ein nach Lärm und Krach und Hektik. Denn schließlich ist man ja nicht nach Marrakesch gekommen, um sich auszuruhen und die Stille zu genießen.

TATTOOS

Überall in Marrakesch, vor allem aber in der Medina rund um den Platz Djemaa el Fna, sitzen sogenannte *Hinnaya*, Hennamalerinnen, die filigrane Muster auf Frauenhände und -füße malen. Dafür werden die Blätter der Hennapflanze getrocknet, zermahlen und mit Zitronensaft und Zucker vermischt. Der grüne Brei wird häufig mit Einwegspritzen auf die Haut aufgetragen und soll die Frauen nicht nur zieren, sondern ihnen auch überirdische Kräfte, sogenannte *Baraka*, verleihen. Schließlich war Henna die Lieblingspflanze des Propheten Mohammed. Ist die Paste getrocknet, wird sie abgebröselt, die Malereien darunter halten aber mehrere Wochen auf der Haut.

SEHENSWERTES

Haben Sie Lust auf herrliche Paläste, Moscheen, Koranschulen und Museen? Dann tauchen Sie ein in die quicklebendige Altstadt von Marrakesch.

CITY WOHIN ZUERST?
Der **Djemaa el Fnaa (U D3)** *(🗺 d3)* ist idealer Ausgangspunkt für eine Stadterkundung, denn hier schlägt das Herz von Marrakesch – vor allem in den frühen Abendstunden, wenn die Menschen zusammenströmen, um das Spektakel der Gaukler, Tänzer und Musiker zu erleben. Außerdem liegen vom Platz alle Sehenswürdigkeiten der Medina in Laufnähe.

Die Medina ist von einer 19 km langen Lehmmauer umgeben, die sie von der Neustadt trennt. Innerhalb der Mauer finden Sie alle wichtigen Sehenswürdigkeiten, die Marrakesch zu bieten hat. Doch seien wir mal ehrlich: So viele sind das gar nicht. Klar sind sie beeindruckend, schön und einmalig. Und natürlich sollte sie jeder, der in Marrakesch ist, auch sehen. Der wirkliche Zauber der Millionenstadt liegt aber nicht in den Baudenkmälern, sondern in der lebendigen Atmosphäre. Denn in Marrakeschs Medina wird vor allem eins: gelebt. So ist die Altstadt ein genialer Mix aus Alltagskultur, Menschengewimmel und beeindruckender Architektur.
Schlendern Sie also durch die nahezu autofreien Gassen und Wege, ruhen Sie sich

Marrakesch lässt keinen kalt: Die wuselige Medina und die coolen Trendviertel in der Neustadt versetzen Sie in Orient-Stimmung

auf den vielen kleinen Plätzen und in den zahlreichen Cafés aus. Kaum ein Viertel in der Medina ist ohne eigene Moschee und sicher keins ohne ein Hammam, einen öffentlichen Brunnen und einen öffentlichen Backofen. Wenn Ihnen die Medina zu bunt, zu wuselig, zu traditionell wird, dann fahren Sie mit dem Taxi, per Fahrrad oder – besonders romantisch – in einer ● Pferdekutsche durch eins der zahlreichen Stadttore entlang der Stadtmauer in die Neustadt und springen mitten ins 21. Jh. In den Szenevierteln Guéliz und Hivernage lernen Sie das moderne, trendige Marrakesch kennen.

ZENTRALE MEDINA

KARTE IM HINTEREN UMSCHLAG *(U A–D 3–4) (⋔ a–d 3–4)* **Die zentrale Medina ist der Rhythmusgeber der Stadt. Dabei ist sie im Vergleich zu den anderen Vierteln relativ klein.**

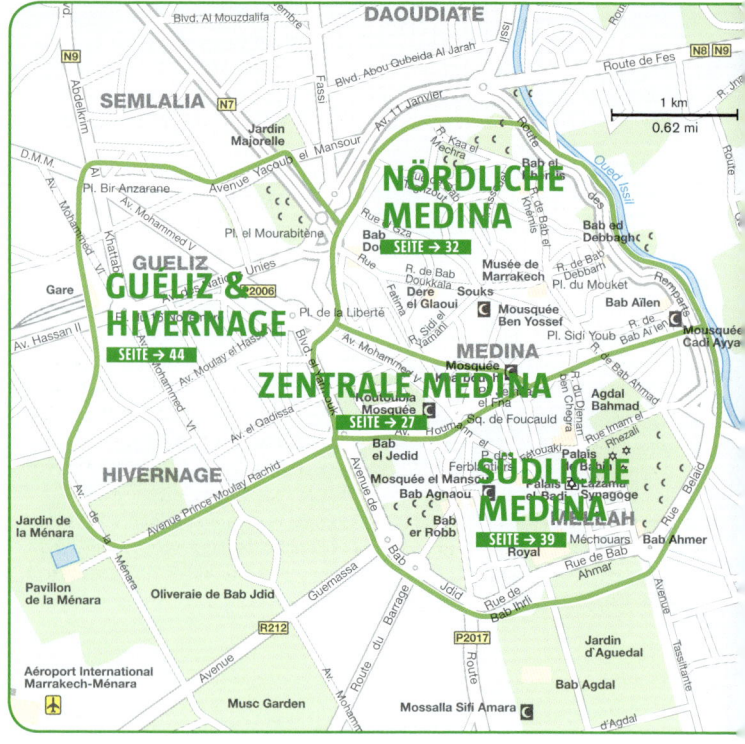

Die Karte zeigt die Einteilung der interessantesten Stadtviertel. Bei jedem Viertel finden Sie eine Detailkarte, in der alle beschriebenen Sehenswürdigkeiten mit einer Nummer verzeichnet sind

Im Groben umfasst sie nur wenige Sehenswürdigkeiten, darunter sind aber zwei, die es in sich haben: der zentrale Platz *Djemaa el Fna* und die Moschee *Koutoubia*.

■1 CYBER PARC ARSAT MOULAY ABDESLAM ● 🏐 (U A3) (🛏 a3)

Der zwischen Stadtmauer und Koutoubia hinter dem Büro der Telekom gelegene Park ist einer der beliebtesten Orte für junge Marokkaner. Hier treffen sie sich gern zu einem unverbindlichen Techtelmechtel – oder nutzen das kostenlose,

frei zugängliche WLAN. Aber der Cyber Parc kann natürlich noch mehr. Die Grünfläche mit Springbrunnen, großen Bäumen, die viel Schatten spenden, außergewöhnlichen Pflanzen und unregelmäßig stattfindenden Open-Air-Ausstellungen ist ein Projekt der *Fondation Mohammed VI pour la Protection de l'Environnement* – einer Umweltorganisation, die unter der Schirmherrschaft des Königs steht und sich u. a. dafür einsetzt, den Erhalt der Natur innerhalb der Städte voranzutreiben. *Av. Mohammed V, gegenüber dem Ensemble Artisanal*

2 DJEMAA EL FNA ⭐ 🟢
(U C–D 3–4) (🗺 c–d 3–4)

„Wenn du nur noch einen Tag zu leben hast – verbringe ihn in Marrakesch. Und wenn du nur noch eine Stunde zu leben hast – verbringe sie auf dem Djemaa el Fna." Das marokkanische Sprichwort bringt die Bedeutung des weitläufigen Platzes in der Medina, der das Zentrum von Marrakesch bildet, auf den Punkt: Er ist ein magischer Ort, der für die ganze kulturelle Vielfalt Marokkos steht.

Dabei ist der Djemaa el Fna zunächst einmal nur ein großer Platz – zumindest tagsüber, wenn sich auf ihm nur ein paar Orangensaftverkäufer, einige Hennamalerinnen, vielleicht sogar hin und wieder ein Wasserverkäufer verlieren. Aber sobald die Sonne hinter dem Horizont verschwunden ist, füllt sich das Areal mit Menschen, die ihre mobilen Garküchen aufbauen, mit Straßenhändlern, die ihre Waren auslegen, mit Tänzern, Akrobaten und Sängern, die ihren Auftritt vorbereiten, und mit Geschichtenerzählern, die nach Zuhörern rufen. Rauchschwaden steigen auf, der Duft von Gegrilltem und frisch Gebratenem erfüllt die Abendluft. Und dann geht es plötzlich los: An allen Ecken und Enden beginnt das Spektakel gleichzeitig. Akrobaten und Feuerschlucker buhlen um Aufmerksamkeit, Erzähler rufen ihre Geschichten in die Menge, Schlangen winden sich zum monotonen Klang der Flöten, Trommeln und Lauten ertönen, Glücksspieler sprechen Passanten an, Musik schallt aus den Boxen, und an den Garküchen rufen Köche ihre Spezialitäten aus. Immer mehr füllt sich der Platz, er brummt und bewegt sich, als wäre er ein Lebewesen, und zieht jeden, der sich ihm nähert, in den Bann.

Djemaa el Fna heißt übersetzt Platz der Zerstörung, und auch wenn unklar ist, zu welchem Zweck er ursprünglich erbaut wurde, sicher ist, dass er früher

---

⭐ **Djemaa el Fna**
Am großen Gauklerplatz tobt Abend für Abend das Leben → S. 29

⭐ **Koutoubia**
Die älteste Moschee der Stadt ist architektonisches Vorbild für alle Moscheen Marokkos → S. 30

⭐ **Dar Cherifa**
Im schönen Literaturcafé finden tolle Ausstellungen statt → S. 32

⭐ **Souks**
Einzigartig in ihrer Vielfalt: die Märkte von Marrakesch → S. 37

⭐ **Medersa Ben Youssef**
Wunderschöne, filigrane Koranschule aus dem 16. Jh. → S. 33

⭐ **Maison de la Photographie**
Großartiges Fotomuseum mit Schwarz-Weiß-Aufnahmen aus 150 Jahren Marrakesch → S. 33

⭐ **Palais el Badi**
Gigantischer Palast, von dem heute nur noch die Grundmauern stehen. Bei Konzerten und Filmfestspielen erwacht er zu neuem Glanz → S. 42

⭐ **Tombeaux des Saadiens**
Die Saadiergräber sind eine riesige Totenstadt mit prachtvollen Gräbern → S. 43

⭐ **Jardin Majorelle**
Ein Traum aus Blau und Grün: der schönste aller Gärten in Marrakesch → S. 47

MARCO POLO HIGHLIGHTS

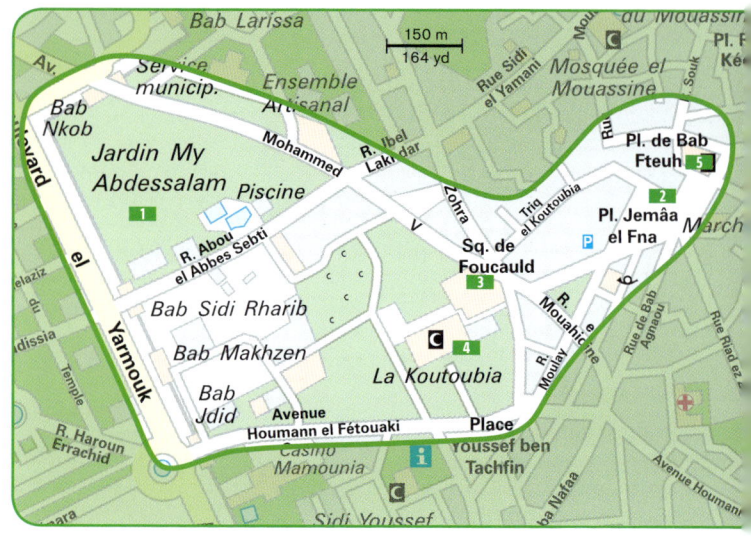

SEHENSWERTES IN DER ZENTRALEN MEDINA

- **1** Cyber Parc Arsat Moulay Abdeslam
- **2** Djemaa el Fna
- **3** Koubba Lalla Zohra
- **4** Koutoubia
- **5** Place Bab Ftouh

auch als Gerichtsplatz und Kriegsparadeplatz diente. Paradoxerweise ist hier das pralle Leben zu spüren! So verwundert es auch nicht, dass die Unesco 2001 eigens für den Djemaa el Fna einen neuen Titel geschaffen hat: „Meisterwerke des mündlichen und immateriellen Erbes der Menschheit". Der Schutz der Unesco kam gerade rechtzeitig. Denn immer wieder gab es Pläne in Marokko, den sogenannten Gauklerplatz umzustrukturieren, gar einen Parkplatz aus ihm zu machen – doch zum Glück ist das auch am Widerstand der Bewohner gescheitert.

der Koutoubia. Das kleine Mausoleum ist Lalla Zohra gewidmet, der Tochter eines religiösen Führers aus dem 17. Jh., die bis heute als Heilige verehrt wird. Deshalb pilgern auch immer wieder Frauen hierher, legen ihre Hände auf die Mauer der Grabstätte und hoffen so auf die Segenskraft der Heiligen, die ihnen Fruchtbarkeit bescheren soll. Wenn Sie sich in den Schatten der nahen Bäume setzen und auf den Kubus achten, sehen Sie vielleicht mit ein bisschen Glück solche Frauen, die mit einem Lächeln im Gesicht verschwinden. *Av. Mohammed V*

3 KOUBBA LALLA ZOHRA
(U B4) (🛍 b4)

Der weiße, fast quadratische Bau steht ziemlich unbeachtet auf einem Platz vor

4 KOUTOUBIA ⭐
(U B–C4) (🛍 b–c4)

Als Nichtmuslim dürfen Sie die Moschee nicht betreten, auch aufs Minarett dürfen Sie nicht steigen. Aber auch von außen ist sie ein echter Hingucker – vor allem dank ihres fast 70 m hohen Minaretts, das auch als Wahrzeichen von Marrakesch gilt. Wenn Sie den Kopf in den Nacken legen und hochschauen, entdecken Sie im oberen Drittel des Minaretts schöne Keramikkacheln, pyramidenförmige Zinnen und an der Spitze vier goldene Kugeln. Jede Seite des Gebetsturms ist außerdem anders gestaltet – mal mit drei Rundbögen, mal mit nur einem. Die Schächte des Minaretts sind als Lichtquellen konzipiert, denn im Inneren führt eine Rampe nach oben, die dem Muezzin vorbehalten ist, der von hier oben zum Gebet ruft.

Mit seinem quadratischen Grundriss gilt die im späten 12. Jh. vollendete Koutoubia, deren Name daher stammt, dass hier einmal der Buchhändler-Souk (*Koutoubia* heißt Buchhändler) angesiedelt war, als Mutter aller Moscheen: Nach ihrem Vorbild werden bis heute die Moscheen Marokkos errichtet. Sie ist der wichtigste Gebetsort der Stadt, in dem bis zu 25 000 Gläubige Platz zum Beten finden. Vor allem an Freitagen pilgern die Muslime hierher.

Westlich der Moschee erstreckt sich der erholsame, gänzlich unbekannte und deshalb um so ruhigere ● *Koutoubia-Garten* bis zur Stadtmauer. Er ist eine der wenigen einfach zugänglichen Grünflächen innerhalb der Medina. *Av. Mohammed V, Höhe Djemaa el Fna*

▣ 5 PLACE BAB FTOUH (U D3) (⌖ d3)

Auf dem kleinen Platz nördlich des Djemaa el Fna werden seit langer Zeit Teekannen und Antiquitäten verkauft. Er wird von alten Handelskontoren gesäumt, sogenannten Foundouks, die teilweise über 500 Jahre alt sind. Jahrelang schien es, als würden die Häuser verfallen, doch in letzter Zeit werden immer häufiger Foundouks restauriert. Schauen Sie also ruhig mal in die Hinterhöfe hinein – Sie werden tolle Entdeckungen machen.

Vorbildlich: Auf die Koutoubia-Moschee schauen Gläubige und Architekten mit Ehrfurcht

NÖRDLICHE MEDINA

⬡ KARTE IM HINTEREN UMSCHLAG

(A–E 1–3) (🗺 a–e 1–3) **Die nördliche Medina ist vor allem ein Eldorado für Shoppingfans.**
Hauptanziehungspunkt sind die Marktgassen der Souks, aber auch der Flohmarkt am Bab el Khemis hat seine Fans. Ruhiger geht es in den vielen Wohnvierteln der nördlichen Medina zu, in den autofreien Gassen und auf den kleinen, verwinkelten Plätzen.

1 BAB DOUKKALA (U A1) (🗺 a1)

Auch wenn die meisten den Namen Bab Doukkala mit dem Busbahnhof in Verbindung bringen, der sich vor den Stadtmauern befindet, ist das Bab Doukkala in erster Linie ein wehrhaftes Stadttor (*Bab* heißt Tor). Es stammt aus dem 12. Jh. und ist damit einer der ältesten Bauten der Stadt. Aufgrund der modernen Stadtplanung steht es mittlerweile recht isoliert, was jedoch den Vorteil hat, dass man es super fotografieren kann. Hinter dem Tor (also Richtung Medina) erstreckt sich das gleichnamige Viertel, ein lebendiges Marktquartier mit vielen Riads und einer schönen Moschee aus dem 16. Jh., die – bis heute eine große Ausnahme – von einer Frau entworfen wurde: Lalla Mesaouda.

2 BAB EL KHEMIS (118 C3) (🗺 G2)

Mit seinen üppigen Verzierungen gehört das nördlichste Tor der Medina zu den schönsten Stadttoren von Marrakesch. Es ist wie das Bab Doukkala Namensgeber für ein ganzes Viertel. Hinter dem Tor findet Marrakeschs größter Flohmarkt statt, ein Spektakel, das Sie auf keinen Fall verpassen sollten.

3 DAR CHERIFA ⭐ ● (U C2) (🗺 c2)

Ganz versteckt, in einer klitzekleinen Gasse, liegt dieser wunderschöne Palast aus dem 16. Jh. Vielleicht finden Sie ihn nicht gleich – obwohl es Hinweisschilder und Wegweiser gibt. Wenn man sich erst einmal durch die Gassen gekämpft hat und durch die unscheinbare Tür in den Innenhof mit Marmorbrunnen gelangt ist, belohnt einen der Blick auf die wunderschönen Stuckarbeiten aus Zedernholz und Gips. Die kleinen Zimmer und Nischen, die vom Innenhof abgehen, werden für Ausstellungen mit moderner Kunst genutzt. Tagsüber kann man hier Kaffee trinken oder eine Kleinigkeit essen, abends finden häufig Konzerte und Lesungen sowie Vernissagen statt. *Do–Di 10–19 Uhr | Eintritt frei | 8, Derb Chorfa Lakbir | Mouassine | Tel. 05 24 42 64 63 | dar-cherifa.com*

4 KOUBBA ALMORAVIDE

(U D1) (🗺 d1)
Wenn Sie vor der Koubba (Kuppel) stehen, fragen Sie sich wahrscheinlich: Was soll daran so toll sein? Ein kleiner, viereckiger Bau, umgeben von ein paar überwucherten Treppen. Aber wenn Sie sich vorstellen, dass dies nur der Brunnen einer großen Badeanlage aus dem 12. Jh. war, die zur Moschee gegenüber gehört hat, und wenn man bedenkt, dass die Kuppel erst 1948 entdeckt und freigelegt wurde, dann relativiert sich der Eindruck des Unscheinbaren schnell. Ein Blick in das Innere der Kuppel enthüllt dann seine gut versteckten Schätze: Ganz und gar ungewöhnlich für einen sakralen Bau sind die üppigen floralen Muster. Der 1117 gebaute Brunnen ist zudem das älteste Bauwerk überhaupt, das Marrakesch zu bieten hat. *Tgl. 9–13 und 14.30–18 Uhr | Eintritt 10 DH, Kombiticket mit Medersa Ben Youssef und Musée de Marrakech 50 DH | Place Ben Youssef*

5 LE JARDIN SECRET (U C2) (🗺 e2)

Der geheime Garten: ein Name, der nach Versteckspiel klingt. Und tatsächlich war der große Garten inmitten eines Palastareals aus dem 16. Jh. lange Zeit so geheim, dass er fast in Vergessenheit geraten war. Jahrzehntelang lag das Areal brach, bis 2008 damit begonnen wurde, das Gelände wiederherzurichten. Ziel war es, einen Garten nach den Paradiesbeschreibungen des Korans zu gestalten, um so einen vollkommenen Ort zu schaffen. Heute zählen die grüne Lunge inmitten des lebendigen Viertels Mouassine und der dazugehörige Palast zu den jüngsten Sehenswürdigkeiten der Stadt. Vom 🌿 Turm haben Sie einen herrlichen Blick auf die Dächer von Marrakesch, ein ruhiges, angenehmes Café liegt im Innenhof. *Tgl. Feb./März 10.30–18.30 Uhr, April–Aug. 10.30–20 Uhr, Sept./Okt. 10–19.30 Uhr, Nov.–Jan. 10.30–17.30 Uhr | Eintritt 50 DH, Turm 30 DH | 184 Rue Mouassine | Mouassine*

6 MAISON DE LA PHOTOGRAPHIE ⭐ 🔴 (U E1) (🗺 e1)

Der Franzose Patrick Manac'h war schon mit 17 Jahren ein leidenschaftlicher Sammler und begann, Fotos aus dem 19. und frühen 20. Jh. zusammenzutragen: marokkanische Straßenszenen, Landschaftsaufnahmen und Porträts. Die Fotos aus Privatbeständen und Archiven der Protektoratsverwaltung ließ er neu entwickeln und stellt sie seit 2009 in einem wunderschönen Riad aus dem 19. Jh. aus. Neben einer kleinen Dauerausstellung gibt es auch Wechselschauen. Im Museumsshop werden Poster und Postkarten der Schwarz-Weiß-Fotografien verkauft. *Tgl. 9–19 Uhr | Eintritt 40 DH | 46, Rue Souk Ahal Fassi | Kaat Ben Nahid | www.maisondelaphotographie.ma*

7 MEDERSA BEN YOUSSEF ⭐ (U D–E1) (🗺 d–e1)

Der Regisseur von „Marrakesh", Gillies MacKinnon, hätte sich keinen besseren

Das hat Stil: Kaffee trinken oder Musik hören in den lauschigen Nischen des Dar Cherifa

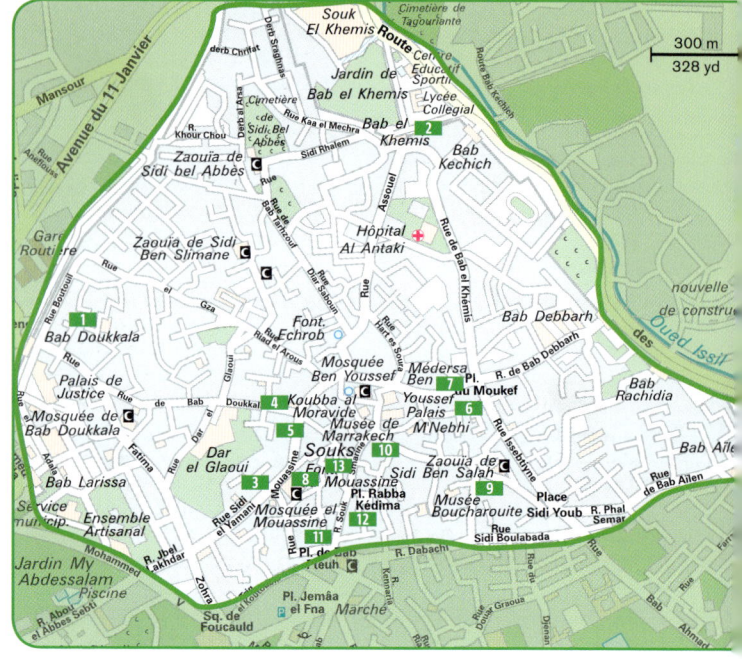

SEHENSWERTES IN DER NÖRDLICHEN MEDINA

1 Bab Doukkala
2 Bab el Khemis
3 Dar Cherifa
4 Koubba Almoravide
5 Le Jardin Secret
6 Maison de la Photographie
7 Medersa Ben Youssef

8 Mouassine
9 Musée Boucharouite
10 Musée de Marrakech
11 Musée de Mouassine
12 Rahba Kedima
13 Souks

Ort aussuchen können, an dem seine Protagonistin Julia (Kate Winslet) zum Islam konvertiert, nachdem sie auf ihrer Suche nach spiritueller Inspiration nach Marrakesch kommt (s. S. 52). Auch wenn die Koranschule bei den Dreharbeiten 1999 noch nicht renoviert war und so im Film die Pracht nur zu erahnen ist, war der Ort nicht zufällig gewählt. Denn die Medersa Ben Youssef ist nicht nur Marrakeschs schönste und wichtigste Koranschule, sondern auch eins der schönsten Gebäude der Stadt überhaupt. Schauen Sie in den Innenhof: Der Fußboden ist mit Carrara-Marmor ausgelegt, die Wände zieren filigrane *zellijs* (Stuckarbeiten) und Kachelornamente, die Pfeiler sind aus Zedernholz in schönster Präzision geschnitzt. Im oberen Stockwerk lebten und lernten bis zu 900 Studenten in kleinen

Studierzimmern. Wie eng haben sie gewohnt! Belohnt wurden sie mit der wahrscheinlich schönsten Architektur, die ein Lehrort bieten konnte. Der ursprüngliche Bau stammt noch aus merinidischer Zeit, also aus dem 14. Jh. Doch wurde er 1565 so grundlegend renoviert und erneuert, dass alles, was heute in der Schule zu sehen ist, aus saadischer Zeit stammt. *Tgl. 9–18 Uhr | Eintritt 30 DH, Kombiticket mit Musée de Marrakech und Koubba Almoravide 50 DH | Place Ben Youssef, Rue Baroueddine*

8 MOUASSINE (U C2–3) *(M c2–3)*

Für viele ist Mouassine das schönste Viertel in der Medina. Die Gassen sind ein wenig breiter und zum Teil überdacht, die Moschee ist etwas größer, und der Brunnen davor hat noch mehr Verzierungen als die meisten anderen. Ein Bummel durch Mouassine ist also deutlich entspannter als einer durch die Souks,

obwohl es oft als Teil von ihnen betrachtet wird. Lassen Sie sich Zeit, nehmen Sie auch mal die Gassen rechts und links der Hauptstraße, denn dort gibt es herrliche Paläste zu entdecken, wie das *Dar Cherifa* oder das *Musée de Mouassine*.

9 INSIDER TIPP ▶ MUSÉE BOUCHAROUITE (U E2) *(M e2)*

Teppiche sind zum Drüberlaufen da, oder? In diesem kleinen Museum nicht, hier sind sie Objekte der Anschauung. Im Mittelpunkt stehen 🌀 Boucharouite-Teppiche, Flickenteppiche, deren Fäden aus alten Stoffen und gebrauchter Kleidung gerissen wurden. Aus materieller Not geboren, sind so unter den Händen der Knüpferinnen und Weberinnen kleine, kreative Meisterwerke entstanden: bunt, verrückt gemustert, einzigartig. Der Eintritt ist mit 40 DH etwas teurer als bei anderen Museen, aber die Investition lohnt sich. Allein das Gebäude,

Im ersten Stock wurde geackert: Innenhof der Koranschule Medersa Ben Youssef

Viel zu gucken: Brunnen, Leuchter und Mosaiken im Innenhof des Musée de Marrakech

ein historisches Medinahaus, ist einen Rundgang wert mit seinen schönen Räumen, feinen Zederntüren, einem hübschen Innenhof und toller Terrasse, auf der Sie etwas zu trinken bekommen. Mit angeschlossenem Shop. *Sept.–Juli Mo–Sa 9.30–18 Uhr | 107, Derb el Cadi | Azbezt | www.facebook.com/musee.bou charouite*

10 MUSÉE DE MARRAKECH
(U D1) *(m̃ d1)*

Omar Ben Jelloun, ein reicher marokkanischer Kunstsammler, ist der Gründer dieses herrlichen Museums, das in einem Palast aus dem 19. Jh. untergebracht ist. Er restaurierte die prachtvollen Räume von Grund auf und brachte darin seine private, exquisite Kunstsammlung unter. In großen Hallen werden Schmuckstücke, Kalligrafien, Keramiken und Münzen gezeigt, zudem gibt es Wechselausstellungen zeitgenössischer marokkanischer Kunst. Das Café im Innenhof ist eine Oase der Ruhe im sonst so hektischen Marrakesch. *Tgl. 9–18.30 Uhr | Eintritt 30 DH, als Kombiticket mit Medersa Ben Youssef und Koubba Almoravide 50 DH | Place Ben Youssef, Ecke Rue Baroueddine | www. museedemarrakech.ma*

11 INSIDER TIPP ▶ MUSÉE DE MOUASSINE (U D2) *(m̃ d2)*

Das 2015 eröffnete Museum ist ein kleines Prachtstück mitten im Viertel Mouassine (nördlich der Place Bab Ftouh). Untergebracht in einem Palast aus dem 16. Jh., zeigt es keine einzelnen Exponate, sondern ist mit seinen bemalten Decken, üppigen Ornamenten und filigranen Holzschnitzereien ein Gesamtkunstwerk – und eine originalgetreue Wiederherstellung des Palastinneren. In den Räumen finden immer wieder Kunstausstellungen statt. Maximal 25 Besucher dürfen gleichzeitig hinein, sodass bisweilen mit Wartezeiten zu rechnen ist. Abends werden manchmal ● Konzerte und Lesungen veranstaltet, für die das Haus einen stilvollen Rahmen bietet. *Sa–Do*

10–18 Uhr, Fr 18–20.30 Uhr, häufig mit Musikveranstaltung | Eintritt 30 DH | 4–5, Derb el Hammam | Mouassine | www. museedemouassine.com

12 INSIDER TIPP ▶ RAHBA KEDIMA
(U D2) (🗺 d2)

Der frühere Sklavenmarkt von Marrakesch, heute auch unter dem Namen Gewürzmarkt *(Marché des épices)* bekannt, ist ein hübscher kleiner Platz mitten in den Souks. Von einem der netten Cafés rund um den Platz aus kann man gut das geschäftige Treiben beobachten und sich ein wenig ausruhen. Am Rahba Kedima verkaufen Frauen selbst gestrickte Mützen für nur 1 bis 2 Euro und geflochtene Körbe – eine Seltenheit in Marrakesch, wo der Souk-Verkauf sonst eine Männerdomäne ist. Direkt um die Ecke gibt es beim ● *Teppich-Souk* jeden Tag ab dem späten Vormittag, vor allem aber ab 16 Uhr, Versteigerungen – ein Spektakel, das Sie nicht verpassen sollten.

13 SOUKS ★ (U D2–3) (🗺 d2–3)

Der Duft von frischer Minze, von neuem Leder, von köstlichem Grillfleisch weht durch die labyrinthischen Gassen des Basars, Verkäufer preisen lautstark ihre Stoffe, Lampen, Gewürze, Schuhe und Taschen an, ein Gewimmel aus Menschen schiebt sich an den Ständen vorbei. Ganz klar: Neben dem Djemaa el Fna sind die Souks von Marrakesch der größte Magnet der Stadt. Auch im internationalen Vergleich gehören sie zu den buntesten Märkten weltweit. Was auf den ersten Blick wie ein einziges Chaos wirken mag, ist in Wirklichkeit ein gut organisiertes Händlersystem, in dem alles, wirklich alles seine Ordnung hat. Die Souks, oder auch der Souk (auf Deutsch: Markt) genannt, sind wie eine Stadt in der Stadt: ein ganzes Viertel mit Tausenden von Geschäften, mit eigenen Moscheen, eigenen Hammams, eigenen Banken und sogar einer eigenen Gerichtsbarkeit – was übrigens für alle Souks in der

ENTSPANNEN & GENIESSEN

Spas und Beauty boomen natürlich in einer Stadt, die Anziehungspunkt für Stars und Sternchen ist. Hier drei besonders feine Orte für Entspannung, Massage und Co.: Ein Traum aus 1001 Nacht ist das 🟠 *Hammam Rosa Bonheur* **(U E4)** *(🗺 e4) (Riad Zehar Derb Habib Allah | Medina | Tel. 06 61 38 78 71 | www.hammamrosabonheur.com).* Das sehr schöne Hammam in einem kleinen Palais mitten in der Altstadt bietet hervorragende Massagen zu ziemlich moderaten Preisen *(25 Euro Eintritt inkl. Waschen und Schrubben, 20 Euro extra für 35 Min. Massage).* Direkt vor den Toren der Stadt liegt der 🔴 *Beldy*

Country Club **(124 C3)** *(🗺 0) (km 6, Route du Barrage | Tel. 05 24 38 39 50 | beldicountryclub.com).* In seinen Spabereichen, Pools und Restaurants können Sie sich den ganzen Tag dem süßen Nichtstun und dem Zauber des Orients hingeben – und das mitten im Grünen. Wer sich Frisur, Nägel und Haut verschönern lassen will, sollte *Chris* **(117 E5)** *(🗺 D4) (Av. Yacoub el Marini | Guéliz | Tel. 05 24 43 14 13 | www.chris.ma)* aufsuchen. Der hippe, lichtdurchflutete Coiffeursalon bietet neben einem neuen Haarschnitt auch Maniküre, Pediküre und Kosmetikbehandlungen an (nur nach Voranmeldung).

arabischen bzw. der muslimischen Welt gilt. Traditionell sind im Souk die Gewerbe streng voneinander getrennt. So gibt es einen Schuh-Souk, einen Stoff-Souk, einen Möbel-Souk und natürlich einen Lampen-Souk. Je mehr Touristen sich aber durch die Gassen schieben, desto stärker vermischt sich das, doch im Großen und Ganzen ist dieses System auch im Marrakescher Souk zu finden. Seine Hauptadern sind zwei Straßen, die sich vom Djemaa el Fna nach Norden ziehen: Die rechte (östliche), die Rue Souk el Semarine, mündet in den Souk el Kebir, den großen Souk. Von ihr geht die Rue Souk el Attarine ab, die vorbei an den Eisenwaren- und Lederwarenhändlern zum Viertel Dar el Bacha führt. Dahinter befinden sich die ● Handwerker, denen man bei der Arbeit zusehen kann. Sie klopfen und hämmern, sägen und klappern mit alten Nähmaschinen. Und dazwischen erstreckt sich ein Labyrinth aus zig Verbindungsgassen. Verlaufen kann man sich trotzdem nicht, denn

irgendwann kommt die nächste große Soukgasse. Und wenn doch nicht? Dann drehen Sie sich einfach um und finden

FEILSCHEN IN DEN SOUKS

Handeln gehört zum guten Ton. Und doch fällt es Europäern häufig schwer, sich darauf einzulassen. Werfen Sie Ihre Scheu über Bord, und lassen Sie sich auf das Abenteuer ein. Sie werden merken, es macht richtig Spaß. Nicht selten wird beim Verkaufsgespräch auch ein Tee angeboten, sodass der ganze Vorgang manchmal mehrere Stunden dauern kann. Grundsätzlich gibt es keine festen Regeln, was wie viel runtergehandelt werden kann. Die staatlichen Kunsthandwerksläden *Centres Artisanaux* geben zwar einen groben Überblick über die Preise, doch zum einen sind die Preise dort stark überzogen, zum anderen findet man dort auch nicht alles, was es im Souk gibt. Insofern ist der beste Tipp, sich zunächst zu fragen: Was möchte ich ausgeben? Dann erkundigen Sie sich so nebenbei, was dies und das kostet. Und wenn Sie den Preis hören, sollten Sie – je nach theatralischem Talent – die Hände über dem Kopf zusammenschlagen, lächelnd ablehnen, in Tränen ausbrechen oder zum Gegenangriff starten. Nennen Sie einen Preis, der ungefähr so weit unter Ihrem Wunschpreis liegt wie der Preis des Verkäufers darüber, und treffen Sie sich irgendwo dazwischen.

Sieht doch alles ganz entspannt aus! Das Gassengeschiebe in den Souks muss woanders sein

von ganz alleine den Weg. *Nördlich vom Djemaa el Fna*

SÜDLICHE MEDINA

KARTE IM HINTEREN UMSCHLAG
(U C–F 4–6) *(ⵎ c–f 4–6)* **Die südliche Medina ist um einiges ruhiger als die nördliche. Schließlich liegt hier der immer gut bewachte Königspalast.**

Aber nicht nur M6 wohnt in diesem Teil der Stadt, alle Sultane und Könige, Wesire und Minister vor ihm haben sich stattliche Domizile bauen lassen, und so ist die südliche Medina gespickt mit Palästen und Prachtbauten. Dazwischen liegen lebendige Markt- und Wohnviertel sowie die Mellah, die einstige Judenstadt. Vom Djemaa el Fna gelangen Sie über die *Rue Riad Zitoun el Kdim* und die *Rue Riad Zitoun el Jdid* in die südliche Medi-

na. Die beiden Straßen sind von kleinen, individuellen Läden flankiert, rechts und links von ihnen gehen zahlreiche Gassen voll mit Riads und Restaurants ab.

1 BAB AGNAOU (U C6) *(ⵎ c6)*
Das wichtigste Portal zum Kasbahviertel gehört zu den schönsten Toren der Stadt. Es wurde im 12. Jh. während der Herrschaft der Almohaden erbaut und ist heute für Autos gesperrt – zum Glück. Denn auch so ist es schon reichlich ramponiert und müsste dringend renoviert werden. Koranzitate und florale Muster schmücken den Bau aufs Herrlichste – das ist auch ohne Restaurierung noch gut erkennbar. Der Name *Agnaou* leitet sich von *Gnaoua* ab, den mystischen Sängern, zu deren Rhythmen Geister beschworen werden. Als Sklaven mussten sie die Stadt durch dieses Tor betreten und wurden danach in ganz Marrakesch verteilt. *Rue Oqba Ibn Nafaa, Ecke Route du Barrage | Kasbah*

② DAR SIDI SAID (U E4) (◫ e4)

In dem schönen Palais aus dem 19. Jh. ist heute ein Museum für Volkskunst untergebracht. In zwölf Räumen werden Teppiche, Keramiken, Musikinstrumente, Waffen und Schmuck präsentiert. Auch wenn die Vitrinen nicht gerade den neuesten museumspädagogischen Ansprüchen genügen, ist es eine Freude, durch den herrlichen Palast zu laufen, die Vögel im wild bewachsenen Innenhof zwitschern zu hören und einfach die Schönheit des Ortes in sich aufzunehmen. *Mi–Mo 9–16.30 Uhr | Eintritt 10 DH | Derb Si Said, Rue de la Bahia | Rue Riad Zitoun el Jdid*

③ DAR TISKIWIN (U E5) (◫ e5)

Wie leben die Marrokaner auf dem Land? Das wollte Bert Flint wissen, ein niederländischer Arabist, Anthropologe und Kunsthistoriker, der seit Jahrzehnten durch Marokko und die Sahara reist, um dort die „ländliche Kultur" zu erforschen. Ganz besonders haben es ihm die alten Karawanenstraßen von Marrakesch aus bis nach Mauretanien, Mali, Niger und Burkina Faso angetan. Auf seinen Reisen sammelte er alles, was er an Alltagskultur finden konnte – Schmuck, Stoffe, Waffen, aber auch Kannen, Tablette und Werkzeuge –, und kaufte in den 1980er-Jahren ein schönes, altes Haus in der Medina für seine Sammlung. 2007 überschrieb Flint sein Museum der Universität Marrakesch unter der Bedingung, darin neben einem öffentlichen Museum eine Stiftung zu errichten, die es Studenten und Doktoranden ermöglicht, die ländliche Kultur Marokkos und des angrenzenden Sahels zu studieren. Man muss aber kein Wissenschaftler sein, um Gefallen an der kleinen, feinen Ausstellung zu finden. *Tgl. 9–12.30 und 15–18 Uhr | Eintritt 20 DH | Rue de la Bahia, Ecke Rue Riad Zitoun el Jdid | www.tiskiwin.com*

④ JARDIN DE L'AGDAL

(122–123 C–E 5–6) (◫ G–H 7–8)
Gerade wer länger in Marrakesch ist, wird sich an dieser grünen und ruhigen

Praktisches und Schönes: Sammelsurium an alltäglichen Gegenständen im Dar Tiskiwin

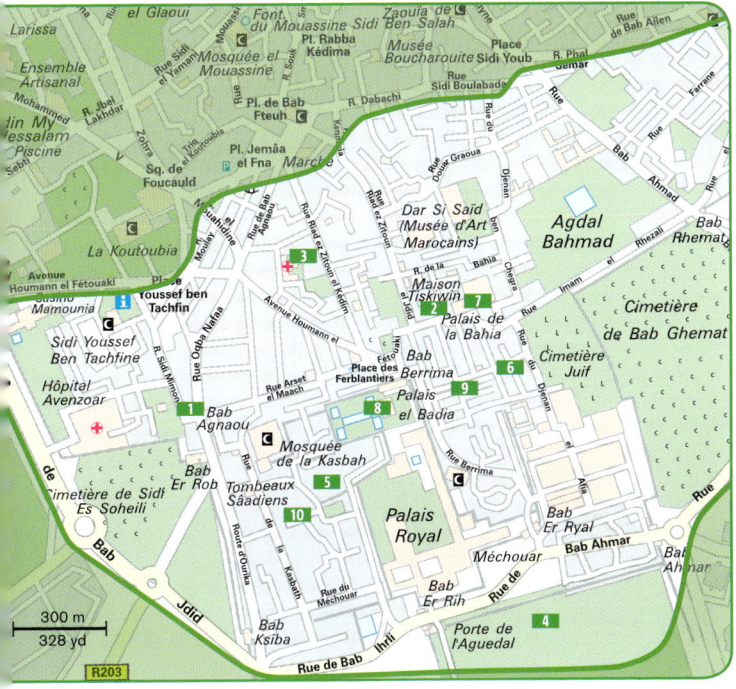

SEHENSWERTES IN DER SÜDLICHEN MEDINA

1 Bab Agnaou

2 Dar Sidi Said

3 Dar Tiskiwin

4 Jardin de l'Agdal

5 Kasbah

6 Mellah

7 Palais de la Bahia

8 Palais El Badi

9 Place des Ferblantiers

10 Tombeaux des Saadiens

Umgebung erfreuen. Die Agdalgärten südlich des Kasbahviertels sind streng genommen gar keine Gärten, sondern eher eine symmetrisch angeordnete Grünanlage, deren Wege gesäumt sind mit Orangen-, Feigen-, Granatapfel- und anderen Obstbäumen. Angelegt wurde der Park bereits im 12. Jh. und seitdem zigmal vergrößert und erweitert. Seit 1985 steht er unter dem Schutz der Unesco als Welterbe.

Da der Park zum Palastareal gehört, ist er für die Öffentlichkeit nur sehr eingeschränkt zugänglich. Ob der König gerade in Marrakesch weilt und der Park daher nicht zugänglich ist, erkennen Sie an der militärischen Präsenz rund um den Palast und an der Anzahl der Flaggen, die in der Innenstadt und speziell rund um den Palast gehisst sind. Achtung: Im Park gibt es weder Läden noch Cafés, also besser Proviant mitnehmen. *Unre-*

gelmäßig geöffnet | Eintritt frei | Route d'Agdal, Route d'Ourika

5 KASBAH

(122–123 C–D 3–4) *(ⅢF–G 6–7)*

Das frühere Palastareal, an das sich der Königspalast anschließt, ist heute ein ruhiges Viertel mit hübschen kleinen Marktgassen, ein paar sehr schönen Riads, fein verzierten Stadttoren und vor allem den prächtigen Saadiergräbern. Das Viertel strahlt ein bisschen mehr vom „echten" Marrakesch aus als sonst die Medina. Herzstück ist die sogenannte Kasbah-Moschee direkt neben den Saadiergräbern. Das für Nichtmuslime unzugängliche Gotteshaus wurde im 12. Jh. nach dem Vorbild der Koutoubia erbaut. Leider wurde sie etwas zu häufig und zu umfassend restauriert, sodass sie heute fast wie ein Neubau wirkt.

6 MELLAH (U F5–6) *(ⅢF5–6)*

Wenn Sie sich für das Leben außerhalb der touristischen Attraktionen interessieren und Einblicke bekommen möchten, wie die Menschen „ganz normal" in Marrakeschs Medina leben, sollten Sie durch die Mellah schlendern. Sie bietet weder große Paläste noch besondere Museen, ist aber ein interessantes Stadtviertel mit einem schönen Markt und wenigen Touristen. Früher lebten in diesem durch hohe Mauern abgetrennten Wohnviertel ausschließlich Juden. Sie kontrollierten den Salzhandel, weshalb man das Viertel nach diesem so lebenswichtigen Handelsgut benannte. Salz heißt auf Arabisch *Melha*. Heute wohnen in diesem eher armen Viertel nur noch Muslime. Allerdings gibt es auch eine Synagoge, in der jeden Freitagabend Sabbat gefeiert wird, und einen sehenswerten INSIDER TIPP jüdischen Friedhof ganz im Osten des Viertels – mit beeindruckenden Grabsteinen, verspielten Kuppelgräbern und jeder

Menge hebräischer Inschriften. *Östlich der Place des Ferblantiers*

7 PALAIS DE LA BAHIA (U F5) *(Ⅲf5)*

Der Bahia-Palast ist bis heute „in Betrieb": Hier werden Staatsgäste untergebracht, ausschweifende Partys gefeiert oder Filme gedreht – wie „Lawrence of Arabia". Erbaut wurde der „strahlende" Palast (denn nichts anderes bedeutet *Bahia*) 1886 unter Si Moussa, einem hochrangigen Berater des Sultans, der sich mittels Intrigen und Gewalt vom Status eines schwarzen Sklaven bis ganz nach oben hochgearbeitet hatte. Sein Sohn Bou Ahmed erweiterte den Palast auf gigantische 80 000 m² Fläche und mehr als 150 Zimmer, weil er Platz brauchte für seine vier Ehefrauen und die zahlreichen Konkubinen.

Der Familientrakt, der sogenannte Harem, macht mit mehreren Innenhöfen, einem kleinen Park mit Orangen- und Bananenbäumen sowie einem riesigen Wasserbecken den größten Teil des Palastes aus. So konnten sich die Haremsdamen – wenn sie schon nicht den Palast verlassen durften – wenigstens hier drinnen vergnügen. Für Besucher ist nur der vordere Teil des Komplexes in einem ausgeschilderten Rundgang zugänglich – leider führt er durch Räume ohne jegliche Einrichtung. Doch die wunderschön bemalten Decken, filigran gearbeiteten Wandmosaiken und aufwendigen Stuckverzierungen entschädigen dafür. *Mi–Mo 9–16.30 Uhr | Eintritt 10 DH | Rue Zitoun el Jdid*

8 PALAIS EL BADI ⭐

(U D–E6) *(Ⅲd–e6)*

Obwohl von dem Palast nur noch die Grundmauern stehen, wäre es anmaßend, ihn als Ruine zu bezeichnen. Denn der zu seiner Zeit größte Sultansbau in ganz Marokko hat enorme Ausmaße:360 Zimmer, mehrere Innenhöfe, wobei allein der zentrale Hof 135 m lang und 110 m breit war, dazu Parks, Wasserbassins und Rosengärten. 1578 befahl Sultan al Mansour den Bau des „unvergleichlichen Palastes", erst ein Vierteljahrhundert später war er vollendet. Glaubt man zeitgenössischen Berichten, bestanden die Innenräume aus Gold und Marmor und die Wände aus feinsten Mosaiken sowie exakten, filigranen Schnitzarbeiten. Rauschende Feste wurden hier gefeiert – war der Palast doch Sinnbild für den Sieg über die Portugiesen in der Dreikönigsschlacht von 1578. Die Pracht hielt keine 100 Jahre. Mit Beginn der alawidischen Herrschaft wurde das Gold von den Wänden genommen, die Marmorböden zerstört und alle Kunstschätze nach Meknes geschafft, um dort einen neuen Palast zu errichten. Es blieben nur die Mauern, die Gärten, die Höfe.

Heute ist der größte Schatz des Palasts die ⭐ *Minbar de la Koutoubia*, die Gebetskanzel der Koutoubia-Moschee. Sie ist extrem fein verziert, mit Intarsien aus Ebenholz, Sandelholz und Zedernholz. Dieses Meisterwerk, geschaffen 1137 von Kunsthandwerkern in Córdoba, wurde in einzelnen Teilen von Spanien nach Marrakesch gebracht. Über mehrere Jahre hinweg wurde die Gebetskanzel liebevoll restauriert und so vor dem Zusammenbruch bewahrt. Kaufen Sie sich also unbedingt vor der Besichtigung des Palastes am Eingang ein Kombiticket für die *Minbar* dazu. *Mi–Mo 9–16.45 Uhr | Kombiticket Palast und Minbar 20 DH, nur Palast 10 DH | Rue de Berrima, Ecke Place des Ferblantiers*

9 PLACE DES FERBLANTIERS
(U E5–6) (*m* e5–6)

Der Platz der Eisenschmiede liegt direkt an der Stadtmauer von Marrakesch und war früher das Zentrum der Schmiede.

Auch wenn die Zeiten vorbei sind, wo rund um den Platz in Werkstätten gehämmert wurde, gibt es noch ein paar kleine Betriebe, die hier ihre Eisenwaren herstellen und direkt verkaufen. Ansonsten ist der Platz eine wohltuende Oase

Ein Meer an Grabsteinen: jüdischer Friedhof in der Mellah

inmitten der südlichen Medina – mit kleinen Cafés, netten Boutiquen und der schicken 🌿 *Kosybar* (s. S. 73), von der man vor allem in den frühen Abendstunden einen tollen Blick auf die Medina hat.

10 TOMBEAUX DES SAADIENS ⭐
(122 C3) (*m* f6)

Kaum zu glauben, dass die beeindruckenden Saadiergräber 200 Jahre lang als verschwunden galten. Denn das Areal der Nekropole ist keineswegs klein. Erst 1917 wurde bei französischen Luftaufnahmen entdeckt, dass es westlich des Palais El Badi und südlich der Kasbah-Moschee einen Hohlraum gibt, von dessen Existenz einige Generationen nichts mehr wussten. Die im 16. Jh. gebauten Saadiergräber sind die Totenstädte der Familie des Sultans al Mansour, der auch den El-Badi-Palast errichten ließ. Ähnlich prachtvoll und repräsentativ wie sein Wohnhaus sollte das Familiengrab werden. Als Sultan Moulay Ismail den

GUÉLIZ & HIVERNAGE

Nur einen kleinen Fußmarsch von der Medina entfernt liegen die beiden Szeneviertel Guéliz und Hivernage in der Neustadt *(Ville Nouvelle)*.

Sie sind der Inbegriff des modernen, marokkanischen Lebens, mit schicken Läden,

Lieblingsflaniermeile der modernen Marrakschis: Marrakesh Plaza im Stadtviertel Guéliz

Palast im 17. Jh. zerstören ließ, verschonte er die Nekropole – zu groß war wohl die Angst, er könnte die Geister der Toten erwecken, wenn er deren ewige Ruhe störte. Deshalb ließ er die Mausoleen nur zumauern. Nach der Wiederentdeckung befreite man das Areal vom Wildwuchs, legte die Kuppelbauten frei und förderte nicht nur eine herrliche Moschee mit großartigem Mihrab (einer Gebetsnische) zutage, sondern auch zahlreiche Sarkophage und Hunderte von reich geschmückten Gräbern. *Tgl. 9–16.45 Uhr | Eintritt 10 DH | Rue de la Kasbah*

modernen Shoppingzentren, eleganten Boutiquen, sehr guten Restaurants und postmodernen Galerien. Trotz der Nähe zur Medina ist es ein Zeitensprung hierher. Dabei gehören diese Viertel noch nicht einmal zur neuesten Neustadt, sondern wurden bereits in den 1920er-Jahren von den französischen Kolonialherren gegründet, die einen modernen Stadtteil für sich haben wollten – weit weg von den konservativen und strenggläubigen Muslimen, die in der Medina lebten und die Nase rümpften, wenn Franzosen ihr Savoir-vivre mit Wein,

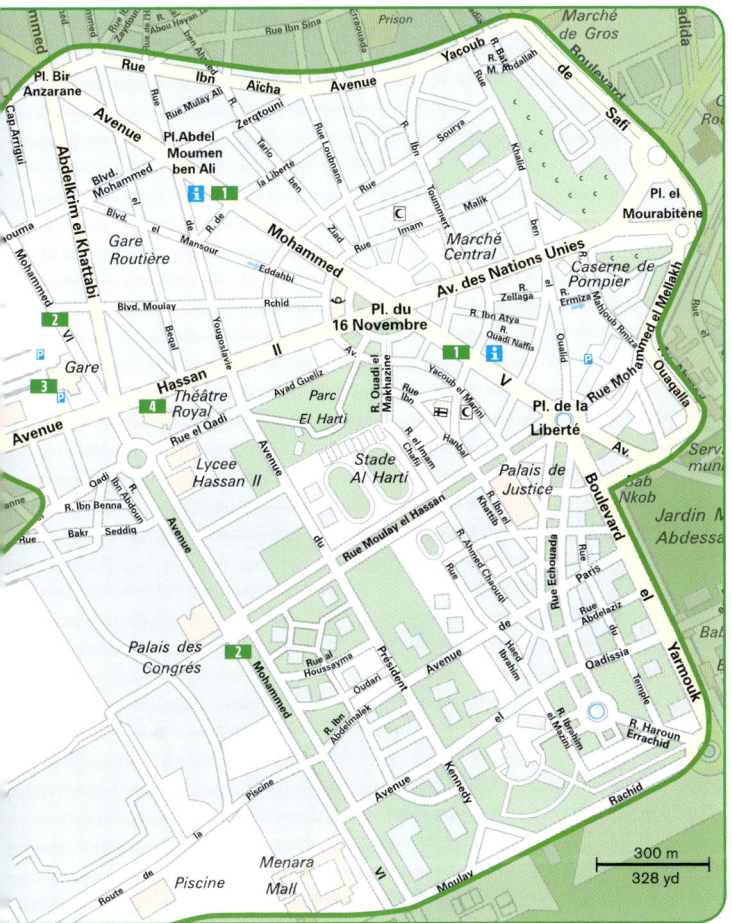

SEHENSWERTES IN GUÉLIZ & HIVERNAGE

1 Avenue Mohammed V
2 Avenue Mohammed VI
3 Gare de Marrakech
4 Théâtre Royal

Weib und Gesang zelebrieren wollten. Bis zur Unabhängigkeit des Landes waren Guéliz und Hivernage alleine den Franzosen vorbehalten. Erst seit 1956 ziehen immer mehr Marokkaner hierher.

1 AVENUE MOHAMMED V
(116–117 C–F 4–6) (🚇 C–F 3–5)
Diese Straße ist die Lebensader von Guéliz. Drei große Plätze bilden ihre pulsierenden Knotenpunkte: die Place

Bir Anzarane (auch Place Abdelmoumen genannt), die Place du 16 Novembre und die Place de la Liberté (von Nord nach Süd). Vor allem die Place du 16 Novembre mit ihrem überdimensionierten *Marrakech Plaza*, einem Gebäudekomplex aus Apartments, Läden, schicken Cafés und repräsentativem Platz mit Springbrunnen und Palmen, ist eine der Lieblingsflaniermeilen der modernen Marrakschis. Auch wer sich keinen Kaffee im teuren *Café 16 (www.16cafe.com)* leisten kann, kommt gerne hierher, um zu sehen und um gesehen zu werden.

2 AVENUE MOHAMMED VI
(120–121 C1–D3) (*m C–D 4–6*)

Zwischen der Avenue Mohammed V und der Avenue Mohammed VI (früher: Avenue de France) liegen drei Generationen an Königen und eine ganz andere Welt. Die Avenue Mohammed VI ist die Hauptstraße des Viertels Hivernage (was übrigens so viel bedeutet wie „Überwintern"). An ihr liegen nicht nur die Tophotels der Stadt, sondern auch die besten und teuersten Eisdielen, viele schicke Restaurants und exquisite Boutiquen. Die eigentliche Schönheit von Hivernage ist jedoch nicht direkt an der Hauptstraße zu sehen, sondern in den vielen baumbestandenen Sträßchen und versteckten Plätzen östlich davon – mit gemütlichen Cafés und Restaurants sowie zahlreichen Boutiquen und Clubs. Während hier abends der Bär brummt, ist es tagsüber sehr entspannend, im Schatten schöner Bäume zu flanieren.

3 GARE DE MARRAKECH
(116 C5) (*m B4*)

„Nur ein Bahnhof", denken Sie vielleicht. Stimmt, aber was für einer! Hochmodern und zugleich zauberhaft wie aus 1001 Nacht. Bereits der Eingang ist ein Traum: ein riesiges Hufeisentor, reich verziert mit feinsten Fayencen. In der Bahnhofshalle schmücken Mosaiken den Boden, hängen Kupferlampen an der Decke, sind große Säulen Blickfänger. Auch wer nicht verreist: Hier sollten Sie Station machen! *Av. Hassan II, Ecke Av. Mohammed VI*

4 THÉÂTRE ROYAL (116 C6) (*m C4*)

Pompös ist genau das richtige Wort für dieses Gebäude, das großspurig auch als Opéra von den Marrakschis bezeichnet wird. Das städtische Theater ist das extravaganteste Gebäude der Marrakescher Neustadt. Erbaut vom tunesisch-marokkanischen Architekten Charles Boccara, ähnelt es von außen einer Mischung aus Pariser Oper und türkischer Moschee – und ist für Marrakesch komplett überdimensioniert. Nur zu den Filmfestspielen oder anderen großen Ereignissen ist das Haus tatsächlich ausgebucht. Werfen Sie einen Blick hinein: Die großen Kuppeln und vielen, vielen Säulen sind wirklich beeindruckend. *Av. Hassan II, Ecke Av. Mohammed VI*

IN ANDEREN VIERTELN

JARDIN MAJORELLE ★ ●

(117 E–F3) (*M* D2–3)

Gerade wenn es heiß ist, gibt es nichts Schöneres, als im Jardin Majorelle im Schatten der Bäume zu sitzen, auszuruhen und zu picknicken. Die Geschichte des schönsten Gartens der Stadt, der mit seiner Farbenpracht verzaubert, liest sich wie ein Märchen. Der Maler Jacques Majorelle (1886–1962) reiste durch die ganze Welt, bis er sich in Marrakesch so künstlerisch inspiriert fühlte, dass er beschloss, hier zu bleiben. Er kaufte ein Stück Brachland, errichtete darauf seine Villa und lebte fortan im Paradies. Den Garten nämlich ließ er nach den Paradiesbeschreibungen des Korans gestalten. Er ließ sich Pflanzen aus aller Welt hierherschaffen und legte so den Grundstein zu diesem herrlichen Garten.

Als Majorelle starb, verwilderte das Grundstück, bis es der französische Modemacher Yves Saint Laurent wiederentdeckte. Er ließ die Mauern in Kornblumenblau streichen – in genau dem Blauton, den der Maler Majorelle kreiert hatte –, legte die exotischen Pflanzen wieder frei, ließ Wasserbecken restaurieren und färbte sie gelb und türkis. So entstand ein Pflanzenmeer in leuchtenden Farben: mit hohen Palmen und Kakteen, dichten Bambushainen, pinkfarbenen Geranien, weißen Seerosen und orangefarbener Kapuzinerkresse.

Die Villa des Malers nutzte Saint Laurent anfangs als Atelier, dann errichtete er darin eins der besten Museen der Stadt für seine private Sammlung von Berber- und islamischer Kunst. Der Modemacher liebte den Garten so sehr, dass er ihn schließlich der Öffentlichkeit übergab – damit alle an der Pracht teilhaben können. Bevor er 2010 starb, verfügte er, dass seine Asche hier verstreut werden sollte. Und so ist der Jardin Majorelle wahrscheinlich

Farbenpracht im Jardin Majorelle: Kornblumenblaue Mauern leuchten um die Wette mit Pflanzengrün

das schönste Grab der Welt. Für alle Fans von Yves Saint Laurent: Ein YSL-Museum soll bald eröffnet werden (aktuelle Infos auf der Website). *Winter tgl. 8–17.30 Uhr, Sommer 8–19 Uhr, im Ramadan 9–17 Uhr | Eintritt Garten 70 DH, Museum 30 DH (Ticket fürs Museum muss direkt am Eingang gekauft werden) | Rue Majorelle, zwischen Av. Allal al Fassi und Route du Safi | www.jardinmajorelle.com*

JARDIN MÉNARA ●
(120 A–C 3–4) (*⌂ A–C 6–7*)

Die Ménaragärten sind die beliebteste Grünfläche der Marrakschis. Wenn es ihnen in der Stadt zu hektisch wird, suchen sie hier Zuflucht – besonders gern zum Picknicken freitags und am Wochenende. Streng genommen ist der Jardin Ménara gar kein Garten, sondern eine Olivenplantage mit großem Wasserbassin und malerischem Pavillon. Er liegt südwestlich von Hivernage und ist am schönsten mit der Pferdekutsche zu errei-

chen – aber natürlich kann man auch ein Taxi nehmen. Besonders reizvoll ist die Atmosphäre kurz vor Sonnenuntergang, wenn hinter dem Bassin und dem Pavillon die Bergsilhouetten des Hohen Atlas klar hervorstechen und die untergehende Sonne alles in ein warmes, goldenes Licht taucht. Mit ein bisschen Glück ist der Pavillon geöffnet, und Sie können vom ☀ Balkon die herrliche Aussicht über die Gartenanlage genießen. *Garten rund um die Uhr geöffnet, Pavillon unregelmäßig | Eintritt frei, der Wärter erwartet aber ein Trinkgeld (20 DH) | Av. de la Ménara, südwestl. von Hivernage*

INSIDER TIPP▶ MUSÉE DE LA PALMERAIE (125 D3) (*⌂ 0*)

Inmitten des Palmengürtels, der Palmeraie de Marrakech, liegt dieses Museum etwas versteckt außerhalb der Stadt. Im wahrscheinlich größten und mit Sicherheit einem der schönsten Museen der Stadt wird zeitgenössische marokkanische Kunst in mehreren Ausstellungshallen gezeigt, auch Wechselschauen sind zu sehen. Angeschlossen ist außerdem ein großer Skulpturengarten. Wer mal tief Luft holen möchte und raus aus der wuseligen Stadt will, sollte hierher kommen. *Tgl. 9–18 Uhr | Eintritt 40 DH | Dar Tounssi, Route de Fés | www.musee-palmeraie.com*

INSIDER TIPP▶ SIDI GHANEM
(125 D3) (*⌂ 0*)

Weit weg vom Zentrum, am Rande der Stadt, auf den ersten Blick vollkommen unspektakulär: Dieses Industrieviertel wäre absolut langweilig, hätte sich hier nicht in den letzten Jahren eine eigene Szene entwickelt. Sidi Ghanem ist ein wahres Eldorado für alle, die gern shoppen. Und nicht irgendwas, sondern Deko, Kunst, Skulpturen, Möbel, Stoffe ... Man könnte fast sagen, Sidi Ghanem ist so

LOW BUDGET

Statt Einzeltickets in der *Medersa Ben Youssef*, dem *Musée de Marrakech* und der *Koubba Almoravide* zu kaufen, lohnt es sich, ein Kombiticket für 50 DH zu erstehen. Das kommt Sie um einiges günstiger.

Wer keine Lust auf lange Wege zu Fuß hat, sich kein Fahrrad mieten will und nicht immer Taxi fahren möchte, kann auf einigen Strecken auf das öffentliche Busnetz zurückgreifen. Für nur 3 DH fahren Sie mit der Linie Nr. 1 von der Koutoubia-Moschee nach Guéliz und mit der Linie Nr. 13 zum Jardin Majorelle.

eine Art marokkanisches Outlet-Center. Dabei handelt es sich eigentlich nur um zwei Straßen. Doch das reicht, um dem Kaufrausch zu erliegen, ausgiebig von Shop zu Shop zu schlendern, zwischendrin in einem schicken französischen Bistro einzukehren, z. B. im *Le Zinc*, und die einzigartige Atmosphäre aus Schick und Shabby zu genießen. Abends ist das Viertel tot. Meiden Sie unbedingt auch

nen Berghang. Von Weitem sehen sie wie eine gigantische Burg mit Türmchen und Zinnen aus. Dabei ist gar nicht alles echt. Denn dank der nahe gelegenen Atlas-Filmstudios wurde das kleine Lehmdorf durch Mauern und Tore aus Pappe erweitert. Das tut dem Flair jedoch keinen Abbruch, Ait Ben Haddou ist ein wunderschöner Ort mit tollen Spaziermöglichkeiten, guten Restaurants und

Ob der Mann auch aus Pappe ist? In Ait Ben Haddou ist manches nur Fake

das Wochenende – denn dann sind fast alle Läden geschlossen.

ZIELE IN DER UMGEBUNG

AIT BEN HADDOU (125 F4) *(øø 0)*
Dieses malerische Dorf am Südhang des Hohen Atlas wurde 1987 von der Unesco zum Welterbe ernannt und ist seitdem das beliebteste Postkartenmotiv des Südens von Marokko. Wie Adlerhorste schmiegen sich die Lehmhäuser an ei-

schönen kleinen Hotels geblieben. Schon der Weg ins 177 km südöstlich von Marrakesch gelegene Dorf ist eine Reise wert: Es geht über den Tizi n' Tichka, Marokkos wichtigsten Atlaspass, auf 2200 m Höhe hinein in die Sahara, vorbei an eindrucksvollen Lehmburgen und Oasenlandschaften. Übernachten können Sie z. B. im schicken *Riad Caravane (8 Zi. | www.riad-caravane.com | €€)* oder einfacher, aber nicht minder schön in der **INSIDER TIPP** *Auberge Tiguami Khadija (6 Zi. | aubergekhadija.com | €)*. Dort werden Sie herzlich aufgenommen und bekommen die besten Tajines von ganz

Südmarokko. *Route de Ouarzazate (N9) über den Tichka, kurz nach dem Pass links ab Richtung Telouet auf die P1506*

INSIDERTIPP ▶ **ANIMA** ☆ (125 E4) (*∅ 0*)
Noch ist der 2016 eröffnete öffentliche Garten von André Heller ein echter Ge-

Ourikatals, mit grandiosem Blick auf die Gipfel des Hohen Atlas. *Sommer tgl. 9–18 Uhr, Winter 9–17 Uhr | Eintritt 12 Euro inkl. Shuttle von Marrakesch (Abfahrt vor der Koutoubia), Ticketkauf im Internet, nur für den Besuch zu einer bestimmten Uhrzeit gültig | www.anima-garden.com*

Meer aus blauen Booten: In Essaouira hat schon Jimi Hendrix der frische Fisch geschmeckt

heimtipp. Auf 3 Hektar Fläche hat der österreichische Künstler nach eigenen Worten „die Rückkehr des Paradieses" inszeniert. Den üppigen Garten voller Bougainvilleen, Palmen, Kakteen, Olivenbäumen und Rosensträuchern – dazwischen ragen Skulpturen von Künstlern wie Keith Haring in den Himmel – hat Heller zu einem romantisch-verspielten Ort arrangiert. In diversen Ausstellungsräumen werden zudem Werke unbekannter Künstler, auch marokkanischer, gezeigt. Natur- und Kunstliebhaber kommen hier also gleichermaßen auf ihre Kosten – und André-Heller-Fans sowieso. Der Park liegt am Eingang zum

INSIDERTIPP ▶ **CACTUS THIEMANN** (125 D3) (*∅ 0*)
Die Kaktusfarm der deutsch-marokkanischen Familie Thiemann am Stadtrand von Marrakesch erreichen Sie in 15 Minuten mit dem Taxi. Mal davon abgesehen, dass die Kaktusfarm die größte ihrer Art in Afrika ist, macht ein Spaziergang über das herrliche Gelände einfach großen Spaß (Sie können die Kakteen natürlich auch kaufen!). Suchen Sie sich keinen allzu heißen Tag für den Trip aus, denn es gibt nahezu keinen Schatten – dafür umso mehr Farben. Von den Millionen Kakteen der unterschiedlichsten Arten blüht immer mindestens eine. Geplant

ist außerdem ein Café. *Besuch nur nach Terminvereinbarung per E-Mail (cactus thiemann@gmail.com) – gerne auch auf Deutsch, Führungen auf Deutsch auf Anfrage | Eintritt 60 DH | km 10, Route de Casablanca | www.cactusthiemann.com*

ESSAOUIRA (124 A3) (𝄞 0)

Das sympathische Städtchen am Atlantik zieht Surfer, Künstler, Aussteiger und Touristen an. Die für marokkanische Verhältnisse ausgesprochen symmetrische Bebauung ganz in Weiß und Blau geht auf die Portugiesen zurück. Schlendern Sie durch die lebendige Medina, bummeln Sie durch die zahlreichen Galerien, wandern Sie am Strand entlang zur portugiesischen Festung und zum Hafen. Da Essaouira einer der windigsten Orte des Landes ist, werden hier regelmäßig Wellenreiter- und Surfmeisterschaften ausgetragen. Auch das *Musikfestival der Gnaoua (www.festival-gnaoua.com),* das jedes Jahr im Juni stattfindet, lohnt unbedingt einen mehrtägigen Besuch. Besonders schön übernachten Sie im Riad **INSIDER TIPP** *Casa Lila (10 Zi. | Tel. 05 24 47 55 45 | www.casalila-riad.com | €€).* Ganz in Lila eingerichtet, gefällt dieser Kleinmädchentraum bestimmt auch Männern. Im legendären Fischrestaurant *Chez Sam (tgl. ab 19 Uhr | Tel. 05 24 47 65 13 | €–€€)* am Hafen hat es schon Jimi Hendrix geschmeckt. *Km 178, Route d'Essaouira*

IMLIL (125 D4) (𝄞 0)

Das kleine Bergsteigerzentrum liegt am Fuße des ✹ Djebel Toubkal, des höchsten Bergs Nordafrikas. Er gilt nicht nur als heilig, sondern ist auch als sogenannter Rentner-4000er bekannt. Denn der Aufstieg ist zwar steil, aber relativ einfach zu bewältigen. Allerdings nicht an einem Tag. Sollten Sie also mit dem Gedanken spielen, den Djebel Toubkal

RICHTIG FIT

In Marrakesch liegen ein paar der schönsten Golfplätze des Landes. Mit Blick auf die Gebirgskette des Hohen Atlas schwingen Sie mitten im Palmengürtel der Berbermetropole den Schläger im ✹ *Marrakech Palmeraie Golf Club* **(124 C3)** *(𝄞 0) (www. palmgolfclub-marrakech.com).* Eine gute Übersicht über alle Plätze *(Green Fee – 18 Loch ca. 60–65 Euro)* gibt www.1golf.eu. Wunderbar joggen oder walken lässt es sich in den weitläufigen Menaragärten **(120 A–C 3–4)** *(𝄞 A–C 6–7)* oder, wenn sie denn geöffnet sind, in den Agdalgärten **(122–123 C–E 5–6)** *(𝄞 G–H 7–8).* Da es nur wenig Schatten gibt, empfehlen sich die frühen Morgen- oder die späten Nachmittagsstunden für eine entspannte Laufrunde. Kurse und Ausritte in die Umgebung bietet der Reitclub *Les Cavaliers d'Al Hambra* **(125 D3)** *(𝄞 0) (Oued Lajar | km 15, Route de Fès | Tel. 06 44 24 29 85)* an. Er liegt etwas außerhalb von Marrakesch in einer herrlichen Landschaft, die sich nahezu perfekt für Ausritte von einer Stunde bis zum ganztägigen Ausflug *(90 Min. | ca. 20 Euro)* eignet. Wer rundum fit bleiben möchte, sollte *Le Fitness Club* **(125 D3)** *(𝄞 0) (Rue du Souihla | Targa | Tel. 05 24 49 62 01 | lefitnessclub.net)* aufsuchen. Der Tageseintritt beträgt 200 DH inkl. Hammam und Pool.

zu besteigen, planen Sie mindestens eine Übernachtung mit ein. Aber auch wer keine Bergsteigerambitionen hat, kann hier die bezaubernde Landschaft genießen, ein wenig shoppen, Tee trinken oder eine Tajine essen. Außerdem ist Imlil der perfekte Ausgangspunkt für Wanderungen in die nähere Umgebung, zum Beispiel zum kleinen Dorf Aroumd oberhalb von Imlil. Schön und gut machbar ist auch eine Wanderung zum Grab des Chamharouche auf 2350 m Höhe, einem Pilgerziel auf dem Weg zum Gipfel. Der Pfad ist leicht zu finden: Folgen Sie einfach im Hochtal links den Pilgern. Bei allen schwierigeren Wanderungen ist es ratsam, einen Bergführer in Imlil anzuheuern *(ab 300 DH pro Tag | Bureau des Guides de Montagne | Tel. 05 24 48 56 26 | www.bureaudes guidesimlil.com)*. Unterkunft finden Sie beispielsweise im *Riad Atlas du Toubkal (8 Zi. | Tel. 05 24 44 97 67 | www.riadatlas*

toubkal.com | €). Route d'Asni (R203) bis Asni, im Ortszentrum links nach Imlil

OUKAIMDEN ● (125 D4) *(ᗰ 0)*
Skifahren in Marokko? Kein Witz. Vollkommen verrückt wird es, wenn Sie in Marrakesch morgens am Pool liegen, ge-

BÜCHER & FILME

Der glücklichste Mensch der Welt – Tahir Shah erzählt märchenhaft-poetisch von seiner Reise nach Marrakesch, bei der er „die Geschichte seines Herzens" finden will (2011)

Die Stimmen von Marrakesch – Elias Canettis ungewöhnlicher Reisebericht aus den 1950er-Jahren über seine Begegnungen mit Menschen in Marrakesch. Unglaublich lebendig erzählt!

The Taste of Marrakesh – Kochbuch mit vielen tollen Rezepten aus Marrakesch, zusammengetragen von der Autorin dieses Bandes, Muriel Brunswig-Ibrahim, und Fotos von Lutz Jäkel (2016)

Marrakesh – Der gleichnamige Roman von Esther Freud wurde mit Kate Winslet in der Hauptrolle verfilmt (1998). Erzählt wird die Geschichte einer jungen Frau, die mit ihren beiden kleinen Töchtern von London nach Marrakesch reist. Anfangs scheint alles wie ein exotischer Traum, doch bald schon holt sie die Realität ein

Exit Marrakesh – In Charlotte Links Film (2013) geht es um eine schwierige Vater-Sohn-Beziehung. Obwohl Marrakesch und die Wüste eher nur als Kulisse dienen, vermittelt der Film viele echte und eindrucksvolle Bilder von der Stadt und ihrer Umgebung

Der steile Aufstieg ist vergessen: Panoramablick vom Djebel Toubkal aufs Atlasgebirge

gen Mittag Ihren Anorak holen und sich dann ins Auto oder Taxi setzen. 90 Minuten später sind Sie auf 2800 m Höhe, leihen sich Skier und Schuhe, lassen sich mit einem Schweizer Sessellift (oder einem marokkanischen Schlepplift) auf den Djebel Oukaimden (3200 m) hochziehen und fahren in großen Schwüngen wieder bergab. Das geht natürlich nicht das ganze Jahr, sondern nur im Winter und im Frühjahr, aber dann ist es eine Gaudi sondergleichen. Ansonsten bietet der bekannteste Wintersportort Marokkos nicht viel, die Lage inmitten der Berge des Hohen Atlas jedoch ist unschlagbar. Krönen Sie die außergewöhnliche Skitour mit einem Essen im hervorragenden Restaurant des *Hotel Chez Juju (Tel. 05 24 31 90 05 | www.ho telchezjuju.com | €€)* – oder in einem der zahlreichen Teehäuser. *Route d'Ourika (P2017) bis Ourika, 10 km hinter dem Ort auf die P2030*

OURIKATAL (125 E4) (*Ⓜ 0*)

Hauptattraktion in diesem paradiesischen Tal, das 64 km von Marrakesch entfernt liegt, sind sieben kleinere Wasserfälle, die von den Berghängen hinabstürzen. Ein 30-minütiger Fußmarsch bergauf führt Sie zum ersten Wasserfall: Hinter dem Dorf Setti Fatma folgen Sie einfach den Verkaufsbuden über den Fluss Ourika.

Wer sich vorher noch stärken will, findet direkt am bzw. im Fluss (im Sommer) die **INSIDER TIPP** **besten Restaurants weit und breit**. Im Schatten großer Bäume wird leckere Tajine, auch mit Ziegenfleisch, serviert. Einen Besuch wert ist zudem das ✿ **INSIDER TIPP** *Paradis du Safran (tgl. 9–17 Uhr | Eintritt 50 DH | km 31, Route d'Ourika | www.paradis-du-safran.com)*. Die Schweizerin Christine Ferrari hat auf einem alten Brachland ein kleines Gartenparadies mit ökologisch angebauten Heilpflanzen, insbesondere Safran, geschaffen. Sie bietet auch Kochkurse an. Nur wenige Kilometer vom Safrangarten entfernt, werden im *Écomusée Berbères (tgl. 9.30–19 Uhr | Eintritt 20 DH | km 37, Route d'Ourika | www.musee berbere.com)* in einer alten Lehmkasbah Fotografien, Teppiche, Töpferwaren und Arbeitsgeräte der Bergbewohner des Hohen Atlas ausgestellt. So bekommen Sie einen sehr lebendigen Einblick in das traditionelle Leben vor Ort und in die Alltagskultur der Berber. *Route d'Ourika bis zum Ende der Straße*

ESSEN & TRINKEN

Marrakesch ist ein Schmelztiegel an kulinarischen Genüssen. Hier kommen arabische und berberische, schwarzafrikanische und europäische Einflüsse zusammen und lassen daraus eine großartige Küche entstehen. Ganz gleich, ob Sie in einer Garküche oder in einem Sternetempel essen: Sie kommen bestimmt auf Ihre Kosten.

Alle regionalen Küchen des Landes sind hier vertreten, denn schon immer war die Stadt Anziehungspunkt für Menschen aus allen Landesteilen, die ihre eigenen Kochtraditionen mitgebracht haben. Am spannendsten ist ganz sicher ein Abendessen in einer der zahlreichen ⭐ 🔵 *Garküchen auf dem Djemaa el Fna*. Sobald die Sonne untergeht, verwandelt sich der Platz in ein einziges Open-Air-Restaurant. Zig Essensstände werden dann aufgebaut, überall brutzelt und brät es. Aufgetischt wird so ziemlich alles, was es in Marokko an kulinarischen Genüssen gibt. Hier kann man für ein paar Cent ein Sandwich mit Merguez verspeisen, eine Suppe löffeln oder ein ganzes Menü bestellen – ganz nach Lust und Geldbeutel. Traditionell wird in Marokko auf dem offenen Feuer gekocht. In Tajines, kegelförmigen Kochgefäßen aus gebranntem Lehm, werden Fleisch und Gemüse oft stundenlang geschmort. So wie der Kochtopf heißt dann auch dieser Eintopf, eins der beiden Nationalgerichte des Landes. Das andere ist Couscous – Weizengrieß, seltener Buchweizen, im Dampf gegart und mit viel Sauce, Fleisch und Gemüse serviert. Wer nicht das Glück hat, freitags

Wie wär's mit einem Merguez-Sandwich? Oder doch lieber ganz traditionell Couscous oder Tajine? Oder ein paar Schnecken?

– dem traditionellen Couscous-Tag – bei einer Familie eingeladen zu werden, sollte sich ein gutes Restaurant aussuchen. Denn dort wird der Grieß traditionell hergestellt und nicht wie sonst häufig auf Instantprodukte zurückgegriffen. Vegetarier werden vor allem bei den Vorspeisen glücklich – etwa bei den vielseitigen und gesunden Gemüsesalaten.

Einfache Restaurants haben meist den ganzen Tag geöffnet, bessere nur mittags und abends. In Marokko wird gern spät gegessen, mittags erst so gegen 14, 15 Uhr, abends ab 21 Uhr. Reservierungen sind nur in schicken Restaurants nötig.

CAFÉS & TEEHÄUSER

CAFÉ DE FRANCE (U D3) *(🗺 d3)*
Der Klassiker unter allen Cafés in der Medina. Direkt am Djemaa el Fna gelegen, mit riesiger ☀ Dachterrasse. Der Blick von hier oben auf den Platz ist einfach unschlagbar. Hier können Sie stundenlang sitzen und das Treiben beobachten. *Djemaa el Fna*

Lieblingscafé: sich hinsetzen und sich wohlfühlen im legendären Café des Épices

CAFÉ DES ÉPICES ★ ☼
(U D2) (🗺 d2)
Das legendäre Café am Rahba Kedima ist seit der Renovierung 2016 viel schicker geworden. Durch die große Glasfront direkt zum Platz lässt sich das Gewusel auf dem Markt gut verfolgen, dazu schmecken ein paar Kleinigkeiten. Aber wegen der Küche kommt sowieso niemand hierher, sondern einzig wegen der netten Atmosphäre und des phänomenalen Blicks. *Tgl. morgens bis abends | Rahba Kedima | cafedesepices.net*

CAFÉ DU LIVRE ● (117 D4) (🗺 C3)
In dieser gelungenen Mischung aus Buchhandlung, Bücherei, Café, Restaurant und Galerie kann man stundenlang stöbern, schauen, blättern, lesen, plaudern, essen. Das Café ist Treffpunkt von Ausländern, die vor Ort leben, marokkanischen Studenten und hin und wieder auch Touristen. Die Gäste bestellen Sandwiches oder Kuchen und genießen dazu den guten Kaffee. *Mo–Sa 9.30–21 Uhr | 44, Rue Tariq ibn Ziad*

CAFÉ XIEME ART (117 F1) (🗺 E1)
Das schicke Café gegenüber der Fakultät für Wirtschaftswissenschaften der Universität Marrakesch wird von vielen Studenten frequentiert. Da es weit weit weg von allen Marrakescher Attraktionen liegt, verirren sich nur wenige Touristen hierher. Zu leckerem Milchkaffee gibt's *pain au chocolat* (Blätterteiggebäck) und interessante Gespräche. *Av. Allal al Fassi, nordöstlich vom Jardin Majorelle*

GELATI DINO (117 E5) (🗺 D4)
Teure Eisdiele mit köstlichem Eis wie vom Italiener. Eisdielen sind in Marrakesch vergleichsweise neu – und unter allen Newcomern ist diese hier die beste. Guten Kaffee gibt es obendrein. *Tgl. morgens bis abends | Av. Mohammed V*

HENNA ART CAFÉ (U D4) (*ω d4*)

Ganz in Blau und Orange gehalten ist dieses kleine Café mitten in der lebendigen Rue Zitoun Jdid. An den Wänden hängen Kunstwerke, auf den Teller kommen kleine Snacks, und womit Sie die Teetasse füllen, entscheiden Sie aus einer Vielzahl an tollen Sorten. *Tgl. vormittags bis abends | Rue Zitoun Jdid | www.marrakeschhenna artcafe.com*

KREMM CAFÉ (U C1) (*ω c1*)

Café inmitten der Concept-Stores-Meile im schicken Viertel Dar el Bacha. In schönen, kühlen Räumlichkeiten oder auf der eleganten Dachterrasse werden marokkanische und französische Patisserie-Köstlichkeiten serviert, außerdem kleine Salate und Sandwiches. Hmmm ... *Tgl. ab morgens | Rue Dar el Bacha*

PATISSERIE DES PRINCES
(U C4) (*ω c4*)

Immer der Nase nach, schon erschnuppern Sie diese gute Bäckerei und Konditorei am Duft von frisch gebackenen Köstlichkeiten. Und das Frühstück schmeichelt den Geschmacksnerven. *Tgl. ab 7 Uhr | Rue Bab Agnaou*

INSIDER TIPP SNACK AL BALANÇOIRE
(117 D1) (*ω C1*)

Kein wirkliches Café, aber mit Sicherheit bekommen Sie hier die besten Fruchtsäfte von ganz Marrakesch ins Glas. Der Laden im sogenannten *Quartier Populaire* wird in erster Linie von Marrakschis aufgesucht. Die Einheimischen lieben die frisch gepressten und gemixten, hervorragend schmeckenden Fruchtsäfte (z. B. Mangosaft) und Milchshakes zum Dahinschmelzen (etwa Mandel-Avocado-Shake). Und die Preise sind außerdem so fair, dass sich sogar die Taxikosten hierher lohnen. *Blvd. al Moustalipha, Ecke Route de Safi*

RESTAURANTS €€€

AL FASSIA ★ ● (116–117 C–D4) (*ω C3*)

Geballte Frauenpower: Während weltweit in den meisten Toprestaurants Männer den Kochlöffel schwingen, herrschen im mit Abstand besten Restaurant von ganz Marrakesch Frauen über Speisekarte, Service, Küche und Einrichtung, Männer werden nur als Türsteher oder Tajineträger beschäftigt. Gekocht wird im Al Fassia in Guéliz (mit einer Zweigstelle etwas außerhalb in Agdal) nach den Rezepten der Mutter der Besitzerinnen, drei Schwestern, die mit ihrer Küche hohe Gourmetwellen schlagen. Die Lammschulter ist ein Gedicht, das Preis-Leistungs-Verhältnis hervorragend. Reservieren Sie mindestens ein paar Tage im Voraus! *Mi–Mo 12–15 Uhr und ab 19.30 Uhr | Av. Zerktouni | Guéliz | Tel. 05 24 43 79 73*

⭐ **Garküchen auf dem Djemaa el Fna**
Das größte Freiluftrestaurant von Marrakesch zieht jeden in seinen Bann → S. 54

⭐ **Café des Épices**
Stilbruch und Trendsetter zugleich: ultramodernes Café mitten in der alten Medina → S. 56

⭐ **La Maison Arabe**
Traditionsreiches Restaurant mit hervorragender Küche in schönstem Ambiente → S. 59

⭐ **Al Fassia**
Das Beste, was Marrakesch an marokkanischer Küche zu bieten hat → S. 57

MARCO POLO HIGHLIGHTS

RESTAURANTS €€€

BO ZIN (U C3) (𝕄 0)
Mix aus Bar, Restaurant und Lounge. Sie speisen stilvoll, ob im Garten, im Saal oder unter der lichtdurchfluteten Pergola. Zu internationaler und marokkanischer Küche wird hervorragender Wein ausgeschenkt. *Tgl. ab 20 Uhr | km 4, Route d'Ourika | Tel. 05 24 38 80 12 | bo-zin.com*

CAFÉ EXTRABLATT (121 F2) (𝕄 D5)
Der Ableger der deutschen Kette ist ein beliebter Treffpunkt reicher Marrakschis und Europäer, die hier leben. Vom Frühstück bis in die späten Abendstunden, wenn häufig Livemusik die Stimmung anheizt, ist immer was los. Die Speisekarte ist international, der Kaffee zwar gut, aber teuer. *Mo–Fr 7–1.30 Uhr | Rue Echouhada, Ecke Rue al Qadisiya | Tel. 95 24 43 50 43 | www.cafe-extrablatt.de*

KSAR ESSAOUSSAN (U C2) (𝕄 c2)
In einem etwas versteckt gelegenen Riad aus dem 17. Jh. werden traditionelle marokkanische Gerichte wie Tajine oder Couscous serviert, die großartig schmecken. Grundsätzlich gibt es nur fünfgängige Menüs *(ab 350 DH pro Person)*, wobei eine halbe Flasche Wein, ein Aperitif und antialkoholische Getränke im Preis inbegriffen sind. Das Personal ist freundlich, der Empfang herzlich – Reservierung ist unbedingt angeraten. *Tgl. ab 19 Uhr, Reservierung ab 9 Uhr | 3, Rue des Ksour | Derb el Messoudyenne | Tel. 05 24 44 06 32 | essaoussan.free.fr*

LIEBLINGS(ADR)ESSEN

INSIDER TIPP ▶ Café Clock
(122 C4) (𝕄 G7)
Das coole, witzig eingerichtete Café-Restaurant mit Graffiti im Innenhof, moderner Kunst und 70er-Jahre-Möbeln zieht vor allem junge Leute an – um zu chillen, einen Snack von der außergewöhnlichen Speisekarte zu bestellen (Kamelfleischburger!), lecker und günstig zu frühstücken *(40 DH)* oder abends einen Workshop für Hennakunst oder Percussion zu besuchen, Musikern oder Geschichtenerzählern zuzuhören. *Tgl. 10–22 Uhr | 224, Derb Chtouka | Kasbah | Tel. 05 24 37 83 67 | marrakech.cafeclock.com*

Chez Ali (124 C3) (𝕄 0)
Der Inbegriff einer Dinnershow: Die Kosten sind hoch für ein durchschnittlich gutes, aber sehr üppiges Essen, die Show mit Tanz, Musik und Reitern ist akzeptabel *(ab 450 DH inkl. Transfer ab Hotel)*. Aber man darf sich nichts vormachen: Das Ganze ist eine Massenveranstaltung, die alle Klischeevorstellungen von 1001 Nacht erfüllt. *Route de Casablanca | Tel. 05 24 30 77 30 | chez-ali-marrakech.blogspot.de*

La Grande Table Marocaine (U A3) (𝕄 a3)
Das teuerste Restaurant von Marrakesch gehört Yannick Alléno, dem weltweit gefeierten französischen Sternekoch. Viele halten es auch für das beste marokkanische Restaurant überhaupt, obwohl die Speisekarte keine außergewöhnlichen Kreationen auflistet. Doch die traditionellen marokkanischen Gerichte werden extrem raffiniert verfeinert. *Menü ab 1200 DH | Hotel Royal Mansour | Arsat Gestion | Rue Abou Abbas el Sebti | Tel. 05 29 80 80 80 | www.royalmansour.ma*

Le Foundouk: Geschmackvoll sind hier nicht nur die marokkanischen Gerichte

LA MAISON ARABE ⭐ (U A2) (*m a2*)

Eins der besten Restaurants von Marrakesch. Klassisch-marokkanische Gerichte wie Couscous und Tajine und jede Menge toller Vorspeisen werden in einem alten Palast aufgetischt. Oder Sie genießen in diesem schönen Ambiente einfach nur einen 🔵 köstlichen Pfefferminztee *(Whisky Marocain)*, der zusammen mit marokkanischem Gebäck stilvoll serviert wird. Reservierung wird empfohlen. *Tgl. mittags und abends | 1, Derb Assehbé | Bab Doukkala | Tel. 05 24 38 70 10 | www.lamaisonarabe.com*

LE FOUNDOUK (U E1) (*m e1*)

Das schöne, edel eingerichtete Restaurant hinter der Medersa Ben Youssef bietet marokkanische und internationale Gerichte, wobei Insbesondere die marokkanischen überzeugen. Hauptattraktion ist die ☀ wunderschöne Dachterrasse mit tollem Blick auf die Dächer der Medina, auf der immer ein leichter Wind weht. Selbst die heißeste Sommer-nacht lässt sich hier angenehm verbringen. *Di–So ab 12 Uhr | Souk Hal Fassi | Tel. 05 24 37 81 90 | www.foundouk.com*

VILLA DES ORANGERS (U C5) (*m c5*)

Küchenchef Jean-Claude Olry kombiniert französische Haute Cuisine mit marokkanischer Tradition. So entsteht eine leichte, originelle Fusionküche, mit Gerichten wie Ravioli aus Atlasschnecken oder Gambas mit Auberginenkaviar. Da das elegante, geschmackvoll eingerichtete Restaurant des kleinen, feinen Hotels nur wenige Plätze hat, fühlt man sich zwar sehr persönlich bedient, muss aber lange im Voraus reservieren. *Tgl. | 6, Rue Sidi Mimoun | Tel. 05 24 38 46 38 | www.villadesorangers.com*

RESTAURANTS €€

GRAND CAFÉ DE LA POSTE
(117 D5) (*m C4*)

Ein Besuch dieses legendären Restaurants, das in einem Kolonialgebäude von

SPEZIALITÄTEN

Amlou – Paste aus Mandeln, Honig und Arganöl (auch bekannt als Berbernutella)

Atai (Whisky Marocain) – gesüßter Grüntee mit Pfefferminze

Baghir – fluffige Pfannkuchen, die man zum Frühstück mit Honig isst

Bastilla – leicht süßliche Pastete, meist mit Hähnchen, seltener mit Shrimps oder Taubenfleisch gefüllt

Briouat – frittierte Teigtaschen, gefüllt mit Käse, Hackfleisch, Hähnchen oder Fisch (Foto li.)

Brochettes – gegrillte Fleischspieße

Chabakia – Honiggebäck, traditionell zum Ramadan

Cornes des Gazelles – mit Marzipan gefülltes Gebäck (Gazellenhörner)

Couscous – typisches Freitagsgericht aus Weizengrieß mit Fleisch und Gemüse

Harissa – scharfe Würzpaste aus Chilis und anderen Gewürzen, die häufig zum Essen gereicht wird

M'hancha – gefüllte Teigrolle mit Gemüse, Nüssen oder Fleisch

M'rouzia – Lammhaxe mit Zwiebeln und Rosinen

M'semen – Pfannkuchen

Pilpil – Garnelen in Tomatensauce

Ras el-Hanout – Gewürzmischung aus bis zu 45 Gewürzen

Schlada – Salat, meist aus gekochtem Gemüse

Smen – im Tontopf gereiftes Butterschmalz, das vor allem im Couscous verwendet wird

Tajine – Eintopfgericht, das in einem kegelförmigen Lehmgefäß auf dem Feuer gekocht wird

Tanjiya – stundenlang im Tongefäß geschmortes Fleisch

Thé à la menthe – gesüßter Pfefferminztee, das marokkanische Nationalgetränk (Foto re.)

Tride – „Armeleuteessen" aus Hähnchen, Linsen und Brot

Zaalouk – Auberginenmus

1925 untergebracht ist – dem früheren Postamt –, ähnelt einer kleinen Zeitreise. Über die weitläufige Eingangshalle im Jugendstil geht es zum Salon, der mit vielen Schwarz-Weiß-Fotografien geschmückt ist. Vor allem das Frühstück ist hervorragend, mittags stehen kleine Snacks, abends gute Hauptgerichte (mehr international als marokkanisch) auf der Speisekarte. Große Terrasse. *Tgl.*

ab 8 Uhr | Blvd. Mansour ed Dahabi | Guéliz | Tel. 05 24 43 30 38 | €€

KUI ZIN (U D1) (⌕ d1)

Stylishes Restaurant in historischem Gebäude. Die Einrichtung ist ein toller Mix aus marokkanischen Mosaiken und modernen Elementen. Mediterranmarokkanische Küche, leicht und gut. *Tgl. 10.30–22.30 Uhr | 12, Rue Amssafah | Tel. 05 24 39 09 84 | www.kui-zin.com*

INSIDER TIPP ▶ LE BISTRO ROMAIN
(117 E5) (⌕ D4)

Bedienen Sie sich gern am Büfett? Dann könnte es Ihnen in diesem hippen Bistro mit seinem hervorragenden Büfett gefallen. Die italienischen, französischen und marokkanischen Gerichte haben alle Topqualität, egal ob Quiche, Tajine, Antipasti, gefüllte Gemüse … Da das Bistro im Stadtteil Guéliz etwas versteckt liegt, verirren sich nur wenige Touristen hierher. Stammgäste sind Ausländer, die in Marrakesch leben, sowie die hippe Upperclass vor Ort. *Tgl. 8–1 Uhr | Rue el Imam Malik, Plaza | Guéliz | Tel. 05 24 45 81 57 | €€*

LE LOFT (117 D4) (⌕ C3)

Kleines, feines Restaurant, das sich über zwei Etagen erstreckt. Auf der klassischfranzösischen Speisekarte stehen nur wenige marokkanische Gerichte, dazu eine tolle Auswahl an guten Weinen. Ungewöhnlich ist die für Marokko vollkommen untypische Einrichtung mit viel Holz und Stein. Das Publikum ist international, die Menüs wechseln täglich. *Tgl. 12–0 Uhr | 18, Rue de la Liberté | Guéliz | Tel. 05 24 43 42 16 | www.restaurant-loft.com | €€*

SO ISST UND TRINKT MARRAKESCH

Nicht nur wenn Sie bei einer Familie zu Gast sind (und das geht manchmal schneller, als man denkt), auch wenn Sie im Restaurant essen, gibt es ein paar typisch marokkanische Gepflogenheiten, die Sie kennen sollten.

Noch aus Kindertagen dürfte Ihnen bekannt sein: Vor dem Essen werden die Hände gewaschen. In Marokko hat diese einfache hygienische Regel einen besonders handfesten Hintergrund: Denn zumindest bei traditionellen Mahlzeiten wird statt mit Messer und Gabel gern mit der Hand gegessen. Doch bitte nur mit der rechten, die linke gilt als unrein. Aber klar: Niemand schaut Sie krumm an, wenn Sie im Restaurant zu Messer und Gabel greifen. Wenn es später dann ans Zahlen geht, wird es schon heikler:

Denn getrennte Rechnungen zu ordern ist ein absolutes No-Go! Das verstößt nicht nur gegen die Etikette, sondern überfordert auch so manchen Kellner. Wenn Sie sich also nicht einigen können, wer zahlt, vertagen Sie die Debatte auf später und legen erst mal klaglos den gewünschten Betrag hin.

Noch ein paar Worte zum Thema Alkohol: In Marokko, einem muslimischen Land, werden zwar hervorragende Weine angebaut, doch meist wird nur in Restaurants der gehobenen Klasse Alkohol ausgeschenkt. Zum Essen wird fast immer nur Wasser getrunken. Den krönenden Abschluss jeder Mahlzeit bildet eine Tasse Tee, die oft auch den Nachtisch ersetzt. Was in Italien der Espresso, ist hier der *Whisky Marocain*.

NOMAD (U D2) (*m d2*)

Mitten in der Medina, nahe am Rahba Kedima, liegt dieses gute Restaurant. Sie haben die Qual der Wahl: draußen sitzen oder in den schönen Innenräumen? Egal, für welchen Platz Sie sich entscheiden, auf Ihren Teller kommen junge, moderne marokkanische Gerichte – und alkoholische Getränke, falls Sie Lust darauf haben. *Tgl. 11–23 Uhr | 1, Derb Arjan | Rahba Kedima | Tel. 05 24 38 16 09 | www. nomadmarrakech.com*

TERRASSE DES ÉPICES (U D2) (*m d2*)

Das Restaurant ist zurzeit in Marrakesch extrem im Mode. Obwohl die Dachterrasse schwarz ist (und es dort vor allem im Sommer extrem heiß wird), finden Sie dort nur selten auf Anhieb einen freien Platz. Das Essen, europäisch-marokkanisch, ist lecker, aber nichts Außergewöhnliches, der Kaffee und das Gebäck, das in der hauseigenen Patisserie hergestellt wird (Verkauf im Erdgeschoss), schmecken dagegen einmalig gut. Die Plätze in den kleinen Sitznischen – für persönliche Gespräche wie geschaffen – sind so beliebt, dass man am besten einen Tisch reserviert. *Tgl. 11–23 Uhr | Souk Cherifa | Dar el Bacha | Tel. 05 24 37 59 04 | www.terrassedes epices.com*

LOW BUDG€T

RESTAURANTS €

INSIDER TIPP ▶ BEJGANNI

(116 C3–4) (*m C3*)

Bejganni ist nicht nur der Name dieses kleinen Restaurants, sondern eines ganzen Viertels. In das Fressparadies kommen viele Einheimische zum Mittagessen, denn in den kleinen Restaurants, vor allem aber in diesem, gibt es für extrem wenig Geld hervorragendes marokkanisches Essen. Stellen Sie sich aber auf Tischdecken aus Papier statt aus Stoff, Brotkörbe aus Plastik und Sägespäne auf dem Boden ein. Wen die schlichte Ausstattung nicht stört, kann bereits für 3 Euro ein tolles Mittagessen bekommen – ohne Bauchweh oder Durchfall hinterher. *Tgl. 10–23.30 Uhr | Rue Ibn Aicha | kein Tel.*

EARTH CAFÉ ⓥ (U D4) (*m d4*)

Nette In-Location im belebten Viertel der Rue Zitoun el Kdim. Hier sind vor allem Vegetarier gut aufgehoben, selbst Veganer, die es sonst in Marokko extrem schwer haben, finden das ein oder andere Gericht. Auf einer großen Tafel steht das täglich wechselnde Angebot, häufig in Bioqualität. Das Publikum ist ausschließlich westlich und meist jung. *Tgl. ab 11 Uhr | 2, Derb Zawak | Tel. 06 60 54 49 92 | www.earthcafemarra kech.com*

Glück gehabt! Da ist noch ein Plätzchen frei in der schwer angesagten Terrasse des Épices

INSIDER TIPP ▶ KESSABIN (U D3) (*m d3*)

Das einfache Restaurant am Nordende des Djemaa el Fna bietet ehrliche und gute marokkanische Küche zu einem fairen Preis. Das Essen ist um einiges besser als in den meisten anderen einfachen Lokalen rund um den Platz Djemaa el Fna – und die tolle Aussicht von der Dachterrasse (die mit Palmblättern abgedeckt für angenehmen Schatten sorgt) auf den berühmten Gauklerplatz bekommen Sie noch gratis dazu. *Tgl. morgens bis abends | Djemaa el Fna | Tel. 06 65 29 37 96*

LA PAUSE GOURMANDE
(117 F3) (*m E2*)

Restaurant mit angenehmem, schlichtem Ambiente und leckerem Essen (international und marokkanisch) – der perfekte Platz, um vor oder nach dem Besuch des Jardin Majorelle noch etwas zu sich zu nehmen. *Tgl. morgens bis abends | Rue Yves Saint Laurent | Tel. 05 24 29 02 15 | www.pausegourmande.com*

LES JARDINS DE GUÉLIZ
(117 E5) (*m D4*)

Im hübschen kleinen Gartenrestaurant am Übergang zwischen Guéliz und Hivernage bekommen Sie inmitten üppiger Blumenpracht gutes Essen zu einem sehr fairen Preis (obwohl auch Alkohol ausgeschenkt wird). Probieren Sie das *Steak Frites*, butterzartes Fleisch mit knusprigen Pommes, frischen Fisch oder leckere *Tajine*. *Mo–Sa | Av. Oued el Markhazine | Guéliz | Tel. 05 24 42 21 22*

RESTAURANT TERRASSE PALAIS EL BADIA (U E6) (*m e6*)

Direkt gegenüber der Stadtmauer, über dem Eingang zum El-Badia-Palast, liegt dieses Restaurant mit typisch marokkanischen Gerichten. Die Qualität der Speisen ist gut, die Gäste sind meist Touristen, die den großartigen Blick von der Terrasse auf die Storchennester genießen. Insgesamt stimmt das Preis-Leistungs-Verhältnis. *Tgl. ab 11 Uhr | Place des Ferblantiers | Tel. 05 24 38 99 75*

EINKAUFEN

CITY **WOHIN ZUERST?**
Souks (U D2–3) (◫ d2–3):
Keine Frage, die Souks sollten Ihr
allererster Shopping-Spot sein
– vielleicht bleibt es sogar Ihr einziger. Denn kein anderer Ort in
Marrakesch ist so inspirierend für
Shoppingbegeisterte wie dieser rie-
sengroße Basar, der eigentlich aus
vielen einzelnen Souks besteht, die
mit ihren bunten und vielseitigen
Warenangeboten zum stundenlan-
gen Bummeln und Schieben durch
die labyrinthischen Gassen verfüh-
ren. Tauchen Sie ein in die Welt des
orientalischen Markts, aus dem
1001 Träume sind.

Gehören Sie zu denjenigen, die g
schnell dem Kaufrausch verfallen und
lauter Lust am Shoppen kaum dazu k
men, etwas anderes zu tun, oder sind
eher ein Kaufmuffel, jemand, der so ü
haupt keinen Spaß daran findet, Ding
erstehen?

Ganz gleich, zu welcher Kategorie Sie
hören: Marrakesch wird Sie umhauen.
Kaufsüchtigen, weil sie dem Rausch ve
len, die Kaufmuffel, weil sie wachgerü
werden, weil sie alle ihre Unlust hinter
lassen werden und mit offenen Augen
Ohren durch die Souks laufen und die H
immer häufiger an das Portemonnaie
fen wird, weil selbst sie ein paar Ding
bedingt ersteigern müssen.

Denn hier liegt es, das Shoppingpara
auf Erden: mitten in den ⭐ Souks.

Lust am Handeln sollten Sie schon haben: Dann macht es Spaß, durch die Souks zu schlendern und tolle Sachen zu ersteigern

rakesch lebte und lebt bis heute vom Handel. Die Stadt war der Dreh- und Angelpunkt auf den Karawanenstraßen, die von Europa nach Schwarzafrika führten, und diese Lust am Handeln spürt man bis heute.

Die Souks sind so lebendig wie eh und je – hier finden Sie auch so ziemlich alles, was das Herz begehrt: Tücher, Stoffe, Lampen, Töpferwaren, aber auch Lederschuhe (traditionelle Babouches) und Taschen. Herrlicher Schmuck, Teekannen und Kupfer-

arbeiten sind ebenso beliebt wie Eisenwaren, Laternen und kleinere Möbelstücke. Allerdings darf man sich nichts vormachen: Wer nicht gerade geschmiedete Laternen, Babouches, Tongefäße oder Korbwaren kauft, muss damit rechnen, dass sein Mitbringsel aus Marrakesch in China produziert wurde. Die Globalisierung hat natürlich auch Marrakesch erreicht – doch noch gibt es hier jede Menge toller Dinge zu kaufen, die man sonst nirgendwo auf der Welt findet.

BEAUTY & KOSMETIK

KECHARÔM (124 C3) (🕮 0)

Rein marokkanischer Beautyshop mit tollen Cremes, Seifen, Shampoos, reinen nannte Concept-Stores durch. Solche Läden mit gemischtem Warenangebot – meist zu Festpreisen – gibt es sowohl in der Neustadt als auch in der Medina. Vor allem im Viertel ⭐ Dar el Bacha

Her mit Fläschchen, Tübchen, Tütchen: schön verpackte Cremes und Öle im Beautyshop Kecharôm

ätherischen Ölen – alles wunderschön verpackt in kleinen Fläschchen, Tübchen, Tütchen. Die Produkte im Kecharôm sind etwas günstiger als in Les Sens und nicht schlechter, teuer sind sie dennoch. *220, Sidi Ghanem*

LES SENS DE MARRAKECH (124 C3) (🕮 0)

Der Laden steht in direkter Konkurrenz zum Kecharôm und hat Filialen in der ganzen Welt. Ähnliche Produktpalette von Creme bis Parfüm, auch alles hübsch verpackt, nur etwas teurer und schicker. *Route de Safi | lessensdemarrakech.com*

CONCEPT-STORES & DESIGNERMODE

Neben klassischen Souvenirläden in und um den Djemaa el Fna setzen sich in Marrakesch immer mehr soge-

(U D2) (🕮 d2), nördlich von Mouassine im *Souk Cherifa*, reiht sich ein Laden an den anderen. Hier werden außergewöhnliche Waren verkauft, die Sie in den Souks nicht finden, z. B. in der *Boutique Khmissa* Kleidung, Kissen und Textilien oder im *First Moore* Körbe, Schilder und Schuhe. Weitere Concept-Stores finden Sie in Guéliz und in Sidi Ghanem.

INSIDER TIPP ABURY (118 B3) (🕮 F2)

Das Label der Deutschen Andrea Bury hat sich auf Taschen, Schuhe, Schals und Schmuck spezialisiert. Sie greift in ihren Designs alte Berbermuster auf und lässt alle Stücke in Marokko in einer eigens gegründeten Schneiderwerkstatt fertigen. Dort beschäftigt sie Frauen, die sonst nur schwer Arbeit finden würden, und bildet auch aus. Verkauf nur im *Riad Ana Yela (Termin am besten vorher absprechen | 28, Derb Zewal, Nähe Bab el Khemis | Tel. 05 24 38 69 69 | www. anayela.com)* oder im Internet unter *www.abury.com.*

BOUTIQUE JAMADE (U E4) *(ﾉﾉ e4)*

Schmuck, Gläser, Stoffe und sonstige Kleinigkeiten, die das Herz erfreuen. *Rue Zitoun el Djdid, gegenüber dem Restaurant Un Déjeuner à Marrakech*

CHABI CHIC

Die Minikette mit mehreren Geschäften in Marrakesch offeriert ein breites, spannendes Angebot an Kleidung, Stoffen, Geschirr, aber auch an Kunsthandwerk und Körben. Filialen in **(124 C3)** *(ﾉﾉ 0)* *Sidi Ghanem,* im Hotel **(U A5)** *(ﾉﾉ a5)* *La Mamounia* sowie am **(U D2)** *(ﾉﾉ d2)* *Rahba Kedima. www. chabi-chic.ma*

KAFTAN QUEEN ★ (116 C4) *(ﾉﾉ C3)*

Tolle Boutique, die vor allem orientalische und westliche Mode zu tragbaren Kleidungsstücken kombiniert. Oriental Fashion vom Feinsten: hochpreisig, edel, auch schön nur zum Anschauen. *Rue Mohammed VI, Ecke Rue Mohammed El Beqqal | www.facebook.com/Kaftanqueen*

MAX & JAN (U D1) *(ﾉﾉ d1)*

Sie nennen sich zwar Concept-Stores, aber letzten Endes sind die Läden von Max & Jan ein tolles Modelabel mit selbst designten Kleidern, die marokkanische und europäische Einflüsse kombinieren. Und sie sind angenehm zu tragen: mit fließenden Stoffen und lockeren Schnitten. *Rue Amsfah, weitere Läden im Sofitel und in Hivernage | www. maxandjan.ma*

KUNST & DEKO

Wer „richtige" Kunst sucht, findet vor allem in Guéliz ein paar gute Galerien. Die

David Bloch Gallery **(117 D4)** *(ﾉﾉ C3)* *(Rue des Vieux Marrakchis | www.davidbloch gallery.com)* ist eins der etabliertesten Häuser, auch die *Matisse Art Gallery* **(117 D4)** *(ﾉﾉ C3)* *(61, Rue de Yougoslavie | www.matisseartgallery.com)* hat einen guten Ruf und handelt mit zeitgenössischer marokkanischer Kunst. Auf Fotografie spezialisiert ist die *Galerie 127* **(117 D4)** *(ﾉﾉ C3)* *(127, Av. Mohammed V)*, und die *Galerie Ré* **(117 E4)** *(ﾉﾉ D3)* *(3, Rue de la Mosquée, Ecke Ibn Toumert | www.galeriere.com)* verkauft Gemälde, Skulpturen und Textilarbeiten einheimischer Künstler. Doch wo hört Kunst auf und beginnt Deko? In Marrakesch sind die Übergänge oft fließend. Viele Dekogegenstände sind von Hand hergestellte Einzelstücke. Solche Unikate finden Sie insbesondere in den Souks und im Industrieviertel Sidi Ghanem am Rande der Neustadt.

D&CO – DESIGN & CO (124 C3) *(ﾉﾉ 0)*

Ausgefallener Laden mit Skulpturen und Möbeln, Bildern, Kunst und Foto-

---

★ Souks
Eintauchen ins Gewühl der Basarstraßen: die beste Shoppingadresse von ganz Nordafrika → S. 64

★ Dar el Bacha
Das hippe Viertel bietet Kaufsüchtigen tolle Galerien und außergewöhnliche Concept-Stores → S. 66

★ Kaftan Queen
Noch schicker kann Oriental Fashion kaum sein. Auch für westliche Frauen absolut tragbar → S. 67

MARCO POLO HIGHLIGHTS

grafie. *Sidi Ghanem | www.designandco-marrakech.com*

FAN WA NOUR (124 C3) (*₥ 0*)
Schönes Geschäft mit Möbeln, Teppichen, Deko und Lampen. *16 bis Sidi Ghanem*

KUNSTHANDWERK

Die Souks sind eine wahre Fundgrube für Kunsthandwerk. Daneben gibt es zwei staatliche Kunsthandwerksläden *(Centres Artisanaux)*. Einer liegt gegenüber vom Cyberpark in der Avenue Mohammed V (U B3) (*₥ b3*), der andere in der Rue de la Kasbah, unweit der Saadiergräber (122 C4) (*₥ F6–7*). Beide bieten zu (überteuerten) Festpreisen marokkani-

sches Kunsthandwerk an. Die Läden sind super, um sich einen ersten Überblick zu verschaffen.
Die Töpferwaren, die in Marrakesch angeboten werden, werden fast alle in Safi, rund 160 km nordwestlich von Marrakesch, hergestellt. In den Souks stapelt sich jede Menge Getöpfertes, wer es deutlich günstiger haben will, kann auch die Großhändler im Viertel *Arset el Bilk* (U C5) (*₥ C5*), südlich des Djemaa el Fna und nördlich des Kasbahviertels, aufsuchen. Die größte Auswahl bieten die Händler an der *Route de Ouarzazate* (123 F1–2) (*₥ J4–5*). Nahe der Stadtmauer verkaufen sie Töpferwaren direkt an der Straße, und zwar deutlich günstiger als in den Souks. Ein Taxi dorthin sollte maximal 20 DH kosten – sagen Sie: „Route de Ouarzazate, les potteries."

LOW BUDGET

Der perfekte Ort, um für wenig Geld viel zu kaufen, ist ganz klar der Flohmarkt `INSIDER TIPP` *Souk Bab el Khemis* (118 C2–3) (*₥ F2*) *(tgl. 8–12 Uhr)* am nördlichsten Stadttor von Marrakesch. Hier finden Sie tolle Dinge mit Patina: Messingtabletts, alte Teekannen, Lampen und so manches Schnäppchen. Kommen Sie früh, sonst sind die besten Stücke weg. Donnerstags ist der Markt am größten, freitags am kleinsten.

Shoppen wie die Marrakschis? Dann lassen Sie sich mit dem Taxi in die *Avenue Dakhla* in Massira (124 C3) (*₥ 0*) *(4 km westl. des Hauptbahnhofs an der Route d'Essaouira)* fahren. Hier reiht sich ein Geschäft ans andere. Mit Klamotten, Haushaltswaren, Sonnenbrillen ... alles zum Spottpreis.

LEBENSMITTEL & SUPERMÄRKTE

Gewürze, Oliven und Minze (tolle Mitbringsel!) kaufen Sie am besten direkt am Eingang vom Djemaa el Fna in die Souks, gleich hinter dem Restaurant *Les Terrasses de l'Alhambra* (U D3) (*₥ d3*). Quirlige Markthallen mit guten Gewürzen und allen Lebensmitteln, die das Herz begehrt, gibt's am Rande der *Mellah* (U E5) (*₥ e5*) *(Marché du Mellah)*. Das günstigste und frischeste Gemüse sowie Gewürze und Dinge des täglichen Lebens bekommen Sie auf dem *Großmarkt in Sidi Ghanem* (124 C3) (*₥ 0*) *(an der Bahnlinie nördlich der Route de Safi)*. Auch Supermärkte in westlichem Stil gibt es: *Acima* hat eine Filiale in *Guéliz* (116 C4) (*₥ B3*) *(Blvd. Abdel Krim el Khattabi, Ecke Av. Mohammed V)* und eine am *Jardin Majorelle* (117 E–F 3–4) (*₥ D3*) *(Av. Yacoub el Mansour)*. *Carrefour* ist in den Shoppingcentren *Carré Eden* (117 D4) (*₥ C3*) und *Menara Mall* (121 D3) (*M C6*) vertreten sowie direkt an der Stadtmauer (121 E1) (*M D4*) (*Blvd. Yarmouk*). Neben europäischen Lebensmitteln und Hygieneprodukten werden auch alkoholische Getränke verkauft. Und die marokkanische Kette *Marjane* führt im riesigen Su-

gnügen, genießen die Eltern die Aussicht vom  Café im Obergeschoss.

TEXTILIEN

Sehr beliebte Mitbringsel sind Schals, sogenannte *Schasch*, die häufig mit

Ob Chili, Koriander, Kurkuma oder Kardamom: Gewürze bekommen Sie am besten auf dem Markt

permarkt an der (124 C3) (*M 0*) Avenue de Safi alles – außer Alkohol.

SHOPPINGZENTREN

Zwei Shoppingzentren gibt es in der Neustadt: Das *Carré Eden* liegt in Guéliz, an der (117 D4) (*M C3*) Avenue Mohammed V, die riesige ● *Menara Mall* (121 D3) (*M C6*) in Hivernage in der Avenue Mohammed VI, Ecke Avenue Prince Moulay Rachid. Beide bieten eine Fülle an westlichen Läden, Designerlabels, Modeketten, Cafés, Restaurants und Fast-Food-Läden. Während die Kinder sich in der *Menara Mall* im Spieleparadies ver-

Touareg assoziiert werden. Sie sind ein hervorragender Sonnenschutz und meist hellblau mit dunkelblauen Spitzen – Blau ist die Farbe der Wüste –, aber es gibt sie auch in allen anderen Farben.

INSIDER TIPP ▶ **TW – TRADITIONAL WEAVING** ⊗ (U E1) (*M e1*)
Neben den vielen Läden der Souks, in denen Sie Schasch kaufen können, ist die kleine Weberei in der Gasse hinter der Madersa Ben Youssef eine tolle Adresse für sehr schöne Schals und Tücher aus gewebter Baumwolle. Jedes Stück ist individuell gefertigt. *Rue Souk Ahal Fes | Tel. 05 24 38 46 00*

AM ABEND

Marrakesch ist eine Partystadt, keine Frage. Aber nicht jeder kann sich die Party auch leisten. Zumindest nicht, wenn sie in den etablierten Bars, Clubs, Diskos und Restaurants steigt.

Deshalb flaniert man in Marrakesch so gern, am liebsten auf dem *Djemaa el Fna*. Abend für Abend strömen Tausende von Menschen hierher, bummeln über den Platz und durch die angrenzenden Straßen und Gassen, lauschen den Geschichtenerzählern und schauen Gauklern und Akrobaten zu.

Aber auch Guéliz ist ein sehr beliebter Stadtteil, um abends gemütlich zu flanieren, zu bummeln und um zu sehen und gesehen zu werden. Vor allem junge Marrakschis zieht es hierher, etwa in die vielen schönen Cafés entlang der Avenue Mohammed V, denn einen Café au lait oder einen Tee können sich auch die nicht ganz so Reichen leisten.

CITY **WOHIN ZUERST?**

Wer das moderne Nachtleben sucht, sollte als allererstes nach **Guéliz** fahren. Rund um die **Place du 16 Novembre (117 E5)** *(*🗺 *D4)*, einen der beliebtesten Plätze der Neustadt, ist abends immer die Hölle los. Außerdem liegen die meisten Clubs und Bars in Laufnähe von hier. Allerdings brauchen Sie nirgendwo vor 22 Uhr auftauchen. Denn erst dann beginnt die Nacht vor Ort.

Partytime in Marrakesch: Nicht nur in den hippen Clubs, Diskos und Bars, auch auf den Straßen und Plätzen tobt das Leben

Die feierwütige, etwas betuchtere Jugend hingegen feiert in Clubs, in Bars oder Diskos. Die meisten finden sich in Guéliz oder den Vier- und Fünf-Sterne-Hotels in Hivernage. Während die Bars in Marrakesch meist einen ganz eigenen euro-marokkanischen Charme haben, sind Clubs und Diskos kaum anders als in Europa. Vor allem leicht bekleidete Mädchen und Frauen tanzen ausgelassen zu westlicher, arabischer und afrikanischer Musik, Alkoholika jeder Art werden ausgeschenkt. Während in Bars der Eintritt frei ist (und ausschließlich an den überteuerten Drinks verdient wird), kosten die meisten Clubs und Diskos zwischen 150 DH und 250 DH Eintritt.

Während des Fastenmonats Ramadan ist der Alkoholausschank stark eingeschränkt ist, und selbst nicht allzu gläubige Muslime verzichten in diesen Wochen häufig auf Alkohol. Deshalb sind auch alle Bars, Clubs und Diskos im Fastenmonat deutlich leerer als im restlichen Jahr, die Gäste setzen sich dann vor allem aus Ausländern zusammen.

BARS

68 BAR A V (117 D4) (⌘ C3)

Der perfekte Platz für Leute, die abends gerne ein oder zwei Glas Wein trinken möchten – guten Wein –, ohne dabei gleich ein ganzes Menü verspeisen zu wollen. Neben einer großen Weinauswahl gibt es Kleinigkeiten zu essen, so-

Sternchen und natürlich die Schickeria der Stadt. *Tgl. 18–1 Uhr | Av. Bab Djdid | im Hotel La Mamounia | www.mamounia. com*

BUDDHA BAR (121 D3) (⌘ C6)

Groß, größer, Buddha Bar. Erst 2015 eröffnet, ist sie die Inbar Marrakeschs schlechthin. Schicker geht's nicht: jazzi-

Ganz cool: Wer in der Buddha Bar am DJ-Pult steht, versteht was von seinem Geschäft

dass Sie hier in aller Ruhe einen angenehmen, entspannten Abend verbringen können. Ganz ohne Show und Tanz! *Tgl. 19–2 Uhr | 68, Rue de la Liberté | Guéliz | Tel. 05 24 44 97 42*

BAR CHURCHILL ⭐ (U A5) (⌘ a5)

Kein Drink ohne Dresscode: In dieser Bar, in der bereits Winston Churchill seinen Whisky schlürfte, hat man versucht, alles so zu belassen, wie es schon zu seiner Zeit aussah. Natürlich neuer, schicker, der jetzigen Zeit angepasst, aber doch ganz im Stil der 30er-Jahre, als sie eine der legendärsten Bars der Welt war. Heute trifft man hier hin und wieder Stars und

ge Musik, außergewöhnliche DJs, buntes Publikum, extrem hohe Preise (200 DH/Gin Tonic) und so gut wie immer rappelvoll. *Tgl. 20–6 Uhr | Av. Prince Moulay Rachid | Tel. 05 24 45 93 00 | www.buddhabar.ma*

DJELLABAR ⭐ (117 E6) (⌘ D4)

Die Djellabar von Top-DJ Claude Challe gehört zu den originellsten Locations der Stadt. Sie ist ein Traum in Rot und Pink, mit Kristallleuchtern, absolut hipper Musik, aber leider nur mittelmäßigem Essen. Doch keiner kommt hier wegen des Essens her, Magnet ist die einzigartige Atmosphäre. Eine Reservierung ist angebracht, zumindest wenn Sie nicht schon um 22 Uhr oder an einem Montag kommen möchten. *Tgl. 18.30–2 Uhr | 2, Rue Abou Hanafia | Hivernage | Tel. 05 24 42 12 42 | www.djellabar.com*

INSIDER TIPP ▶ EL FENN COCKTAIL BAR
(U C3) (🗺 c3)
Eine der ganz wenigen Bars in der Medina. Ganz privat sitzen Sie auf der 🌿 Dachterrasse des traumhaften Riad el Fenn oder in einem der Salons des alten Palastes mit großem Innenhof. Zu Cocktails und Wein werden marokkanische Tapas gereicht. Wer auch zum Essen bleiben möchte, sollte mindestens einen Tag vorher reservieren! *Tgl. | Derb Moulay Abdoullah Ben Hezzian | Bab el Ksour | Tel. 05 24 44 12 10 | el-fenn.com*

KOSYBAR 🌿 (U E6) (🗺 e6)
Bar mit dem schönsten Blick auf die Place des Ferblantiers, die Koutoubia und den Hohen Atlas. Zum Essen nicht der richtige Platz, aber die perfekte Location für einen Sundowner oder Absacker mit Aussicht. *Tgl. 20–4 Uhr | Place des Ferblantiers | Tel. 05 24 38 032 24 | www.kosybar.com*

LE BAR DU ROYAL MANSOUR
(U A3) (🗺 a3)
Die edelste Bar in ganz Marrakesch! Hier war der König am Werk, denn noch luxuriöser kann eine Bar kaum eingerichtet sein: glanzvoll mit Blattgold, Marmor und Silber. In der Cocktailbar des Hotel Royal Mansour sind die Gäste unter sich, nehmen, bei leiser, dezenter Livemusik, einen Drink oder zwei, genießen das Art-déco-Ambiente und wissen, das jeder Schluck, den man zu sich nimmt, eine fünfköpfige marokkanische Familie einen Tag lang ernähren könnte. Doch man gönnt sich ja sonst nichts ... *Tgl. | Arsat Gestion | Rue Abou Abbas el Sebti |* *Tel. 05 29 80 80 80 | www.royalmansour. com*

LE DIAMANT NOIR (117 E5) (🗺 D4)
Eine der ältesten Diskos der Stadt, bekannt als gay-friendly, ist im Hotel Marrakech untergebracht. Wie in fast allen Clubs und Diskos gibt es regelmäßig Livemusik, vor allem am Wochenende. Arabische und internationale Musik, moderate Preise. *Tgl. ab 23 Uhr | Place de la Liberté | Guéliz*

LE THÉÂTRO (121 E2) (🗺 D5)
Der Club im Hotel Essaadi gehört zu den schicksten Adressen der Stadt. Livemusik, internationale DJs und entsprechendes Publikum heizen die Stimmung ein. *Tgl. 23–4 Uhr | Rue Ibrahim el Mansini | Tel. 06 64 86 03 39 | www.theatromarrakech.com*

⭐ **Bar Churchill**
30er-Jahre-Feeling: seit Churchills Zeiten kaum verändert → S. 72

⭐ **Djellabar**
Hinreißende Musik und super Stimmung in der Bar von Claude Challe, einem der besten DJs weltweit → S. 72

⭐ **Jad Mahal**
Feiern auf höchstem Niveau: viele Livekonzerte, Topservice und tolle Atmosphäre → S. 74

⭐ **Dar Bellarj**
Statt Party tolle Veranstaltungen: kulturell, klassisch, ganz besonders → S. 75

MARCO POLO HIGHLIGHTS

PACHA (124 C3) (🕮 0)

Ganz egal, ob in Ibiza, München oder Marrakesch – der Szeneclub hat Ableger an allen Hotspots der Welt, die sich ziemlich ähneln. Mit 250 DH Eintritt ist er einer der teuersten Clubs der Stadt und zieht vor allem leicht bekleidete Frauen und reiche Männer an. *Tgl. 23–6 Uhr | Blvd. Mohammed VI | Agdal | Tel. 05 24 37 22 32 | www.pacha marrakech.com*

SO LOUNGE (121 F2) (🕮 E5)

In diesem schicken Club im Sofitel-Hotel treffen sich die Reichen und Schönen. Der Dresscode heißt „elegant", also kommt kein Mann ohne Schlips rein, keine Frau ohne edles Outfit. Sehr schönes Interieur, um einiges stilvoller als die meisten Diskos. Beschallt wird mit orientalischen und internationalen Klängen, hin und wieder auch mit Livemusik. *Tgl. 20–6 Uhr | Rue Haroun Errachid | Hivernage | Tel. 06 56 51 50 09 | so-night-lounge.com*

THE LOTUS CLUB (121 E2) (🕮 D5)

Der Club hat sich auf Tanz und Performance spezialisiert und ist mit allabendlicher Livemusik und hohen Preisen ganz auf ein Upperclass-Publikum zugeschnitten. Auch wenn Sie hier vor Beginn der Show zu Abend essen können: Kommen Sie lieber erst nach dem Dinner her. *Tgl. 20–6 Uhr | Rue Ahmed Chaouki | Hivernage | Tel. 06 24 42 17 36 | www. lotusclubmarrakech.com*

DINNER SPECIALS

COMPTOIR DARNA (121 F2) (🕮 D5)

Edles Ambiente, mit Kerzen, plüschigen Sofas, hervorragendem Service und interessanter marokkanischer Speisekarte im oberen Preisniveau. Ab 22 Uhr kommt zum Essen und dem guten Wein noch eine niveauvolle Show mit Bauchtanz und Musik, die Spaß macht. Orient pur! *Club tgl. 19–3 Uhr, Restaurant tgl. 20–1 Uhr, Reservierung empfohlen | Av. Echouhada | Hivernage | Tel. 05 24 43 77 92 | www.comptoirmarrakech.com*

JAD MAHAL ⭐ 🔵 (121 F2) (🕮 E5)

Restaurant-Bar mit Showbühne, gutem Essen und ausgelassener Stimmung. Hier wird gleichzeitig gegessen und Livemusik gehört, und wer nicht mehr sitzen mag, springt auf die Tanzfläche. Reservierung ist unbedingt ratsam, zumindest wenn Sie auch essen wollen. *Tgl. 20–3 Uhr | 10, Rue Haroun Errachid | Hivernage | Tel. 05 24 43 69 84 | www.palaisjadmahal.net*

LE BLOKK (124 C3) (🕮 0)

Wer in eine andere Welt abtauchen möchte, ist hier absolut richtig. Das Es-

LOW BUDG€T

Sorry, Männer, aber Low Budget ist vor allem für Frauen. Denn diese bekommen in manchen Bars, Clubs und Diskos unter der Woche ein Gratisgetränk oder auch zwei. Am besten informieren Sie sich auf den entsprechenden Websites, bevor Sie losziehen. Ansonsten ist es extrem schwierig, sich ins Marrakescher Nachtleben zu stürzen und dabei wenig Geld auszugeben. Denn die Partyszene Marrakeschs lebt von den Reichen und Schönen. Vergleichsweise günstig kann man – wenn es tatsächlich nur ums Geldsparen geht – ein Bier im *Grand Hotel Tazi* (U D4) (🕮 d4) nahe dem Djemaa el Fna trinken. Frauen alleine werden sich hier jedoch nicht wohlfühlen.

sen ist eher Nebensache (obwohl es gar nicht so schlecht ist), die Bühnenshow dagegen ein Spektakel auf hohem Niveau. Marokkanische und internationale Musiker spielen auf, es wird getanzt, die Stimmung ist bestens. Reservierung ist angebracht. *Di–So 20–2 Uhr | Palmeraie | Tel. 06 74 33 43 34 | www.leblokk.com*

OPER/BALLETT/ KONZERTE/LESUNGEN

Im *Dar Cherifa* (s. S. 32) und dem *Musée de Mouassine* (s. S. 36) finden regelmäßig abends Kulturveranstaltungen statt. Die beste Übersicht über klassische Konzerte, Oper- und Ballettaufführungen

Erst lecker essen, dann zuschauen, wie der Bauch wackelt: Orient pur im Comptoir Darna

LE SALAMA (U D3 (*m d3*))

Gutes Restaurant mit Bauchtanzshow ab 21.30 Uhr. Die Einrichtung ist dunkelgediegen, das Ganze etwas weniger professionell als im Comptoir, dafür aber günstiger. Nett ist es allemal, und wer in der Medina wohnt, wird sich freuen, nach dem Spektakel direkt zu Fuß nach Hause gehen zu können. Verpassen Sie aber nicht, ● zum Sonnenuntergang auf der ☼ schönen, chilligen Dachterrasse einen Drink zu schlürfen und dabei dem bunten Geräuschteppich des Djemaa el Fna zu lauschen. *Tgl. 11–1 Uhr | Rue des Banques | Tel. 06 63 51 99 92 | lesalama.blogspot.de*

gibt es auf *www.aammarrakech.com*. Dort können Sie auch online Karten bestellen.

DAR BELLARJ ⭐ (U D1 (*m d1*))

Das „Haus der Störche" (hier gab es angeblich früher ein Krankenhaus für Störche) gegenüber der Medersa Ben Youssef wurde von der Schweizerin Susanna Biedermann gegründet. In dem kleinen Kulturzentrum finden regelmäßig Veranstaltungen statt, meist klassische Konzerte, manchmal Lesungen oder Vernissagen. Vor allem während des Ramadans laufen spannende Events. *Place Ben Youssef, Ecke Rue Baroueddine | www.facebook.com/darbellarj*

ÜBERNACHTEN

Gibt es überhaupt jemanden, der lieber in einem Hotel übernachten möchte, wenn er die Qual der Wahl aus über 1000 Riads hat?

In den typischen Altstadtpalais von Marrakesch, die zu kleinen Gästehäusern umgebaut wurden, wohnen Sie privater als in einem Hotel. Das liegt neben dem individuelleren Service auch daran, dass es in der Regel nur vier oder fünf Zimmer gibt. Diese gruppieren sich um einen Innenhof, dessen Zentrum ein Brunnen und/oder ein Baum, oder, schicker noch, ein Pool bildet. Für alle Riads gilt außerdem, dass es hoch hinaus geht: Eine ✳ Dachterrasse, fast immer mit herrlichem Blick, gibt es on top dazu.

Wer es gerne etwas anonymer hat oder sehr lärmempfindlich ist, wird vielleicht ein Hotel bevorzugen. Denn Riads – das liegt an ihrer Architektur – sind fast immer sehr hellhörig. Nur in richtig guten Häusern ist das Fensterglas zum Innenhof auch gut isoliert. Vielleicht suchen Sie ja auch eine Unterkunft in einem modernen Hotel? Die schönsten sind in der Palmeraie zu finden, aber auch in den Szenevierteln Hivernage und Guéliz gibt es großartige moderne Hotels mit Schwimmbad.

Fast jedes Riad oder Hotel ab einer bestimmten (hohen) Preisklasse verfügt über ein eigenes Hammam und einen Spa-Bereich, in denen man herrlich entspannen kann. Relativ neu in Marrakesch sind Hostels, ein Zugeständnis an jugendliche Reisende, die die horrenden Preise in der Berbermetropole nicht

Träumen Sie vom Orient? Dann ist ein Riad, ein alter Palast, der richtige Ort für Sie, um dort zu übernachten – und weiterzuträumen

bezahlen wollen oder können. Für sie stehen, meist in Altstadthäusern, sogenannte Dorm-Betten zur Verfügung, die man einzeln buchen kann.

Absolute Hochsaison in Marrakesch ist an Weihnachten und während des internationalen Filmfestivals. Dann kann es in der Stadt der vielen Hotels durchaus mal zu Engpässen kommen, und Sie müssen tiefer in die Tasche greifen. Die Hotelpreise können dann um ein Viertel steigen. Zu allen anderen Zeiten ist es ein Leichtes, das passende Zimmer zu finden.

HOTELS & RIADS €€€

ANA YELA (118 B3) (*F2*)
Schnell wird klar, dass hier eine Designerin am Werk war. Alles perfekt: der zentrale Innenhof mit kleinem Pool, auf dem Rosenblätter schwimmen, die in Silber und Beige gehaltenen Zimmer. Das Personal ist zudem sehr gut geschult, allein die Qualität des Essens, das es nur auf Vorbestellung gibt, lässt zu wünschen übrig. *5 Suiten | 28, Derb Zerwal | Tel. 05 24 38 69 69 | www.anayela.com*

BAB HOTEL (116 C5) (🗺 C3)

Das schicke Vier-Sterne-Hotel ist das erste moderne Boutiquehotel in Marrakesch. Die 45 Zimmer und Suiten sind großzügig geschnitten, zwischen 30

Zum Reinlegen: traumhaft schönes Zimmer im Riad Enija

und 120 m² groß, und haben alle Loft-Charakter. Farblich dominieren edle Schwarz- und und Weißtöne, ausgestattet sind die Räume mit Nespresso-Maschinen, Klimaanlage und Megabildschirm. Im Hotel werden regelmäßig Ausstellungen gezeigt, hin und wieder gibt es auch Musikveranstaltungen. *Blvd. Mansour Eddahabi, Ecke Rue Mohammed el Beqqal | Tel. 05 24 43 52 50 | babhotelmarrakech.ma*

HIVERNAGE HOTEL & SPA
(121 F2) (🗺 E5)

Das rundum empfehlenswerte Hotel mit gutem internationalem Standard und geschultem, freundlichem Personal liegt zwar außerhalb der Medina, doch so nahe an der Stadtmauer, dass man in 20 Minuten zum Djemaa el Fna gelaufen ist. Die Zimmer, 🔆 zum Teil mit Blick auf den Hohen Atlas, bieten allen erdenklichen Komfort. Großer Spa-Bereich. *85 Zi. | Rue des Temples | Hivernage | Tel. 05 24 42 41 00 | www.hivernage-hotel.com*

LA MAISON ARABE ⭐ (U A2) (🗺 a2)

Sehr schönes, traditionsreiches Haus mit insgesamt 26 Zimmern, die auf mehrere Palais aufgeteilt sind. Hier lässt es sich nicht nur hervorragend entspannen, sondern Sie können auch toll essen, im Pool schwimmen und sich vom vollkommenen Service verwöhnen lassen. Und wer selbst aktiv werden möchte, bucht einen Kochkurs. Angeschlossen ist außerdem ein Country Club mit Pool, Restaurant und viel Grün, der 15 km vor den Toren der Stadt liegt – mit kostenlosem Transfer vom Hotel. *1, Derb Assehbé | Bab Doukkala | Tel. 05 24 38 70 10 | www.lamaisonarabe.com*

LA VILLA NOMADE (118 B4) (🗺 F3)

Die Villa mit herrlichem Pool und traumhaft schönen Zimmern und Suiten ist in einem alten Palais untergebracht. Jedes Zimmer wurde von einem anderen marokkanischen Künstler gestaltet und hat großes Wohlfühlpotenzial. *8 Zi., 4 Suiten | 7, Derb El Marstane | Zaouia el Abbasia | Tel. 05 24 38 50 10 | www.lavillanomade.com*

NOIR D'IVOIRE (118 B4) (🗺 F3)

Unglaublich elegantes Riad mit zwei Innenhöfen, einem großen und einem kleinen Pool, neun Luxuszimmern und Suiten sowie exzellentem Spa-Bereich. Hier ist man unter sich und lässt sich sehr professionell von Kopf bis Fuß verwöhnen. *9 Suiten | Derb Jdid | Bab Doukkala | Tel. 05 24 38 09 75 | www.noir-d-ivoire.com*

RIAD ENIJA ⭐ ● (U D2) (🗺 d2)

Das Riad scheint einer Geschichte aus 1001 Nacht entsprungen zu sein. Hier stimmt jedes Detail. Die Zimmer sind traumhaft eingerichtet, der Garten ist paradiesisch schön, das Personal super geschult, und trotz der 15 Zimmer wirkt alles sehr familiär. Das Riad gehört zu den ältesten und etabliertesten in Marrakesch und wird entsprechend erstklassig geführt. *Rahba Kedima | Tel. 05 24 44 09 26 | www.riadenija.com*

RIAD FARNATCHI (U E1) (🗺 e1)

Ganz versteckt in der nördlichen Medina liegt dieses zauberhafte Riad. Die 9 Suiten sind groß(artig) und elegant. Jedes Zimmer hat seinen eigenen Stil, ist modern und traditionell zugleich. **INSIDER TIPP▶ Die Suite No. 1 hat sogar einen eigenen Innenhof mit Springbrunnen und Salon**. Der tolle Spa-Bereich steht auch Nichtgästen nach Reservierung zur Verfügung. *Derb el Farnachi | Rue Souk el Fassi | Tel. 05 24 38 49 10 | www.riadfarnatchi.com*

RIAD NOGA (U E3) (🗺 e3)

Das schöne Riad der Deutschen Gaby Noack-Späth ist eins der ältesten der Stadt. Es besteht aus zwei Häusern, von denen das eine mit riesigem Pool im Innenhof überrascht. Die Zimmer sind etwas klein, aber mit allem ausgestattet, was man so braucht: TV, Stereoanlage, DVD-Player. Die Fenster schließen gut, sodass es hier etwas ruhiger ist als in anderen Riads. *7 Zi. | 78, Derb Jdid | Douar Graoua | Tel. 05 24 37 76 70 | www.riadnoga.com*

VILLA DES ORANGERS ⭐

(U C5) (🗺 c5)

Das zur Kette Relais & Châteaux gehörende Hotel liegt etwas außerhalb des Zentrums zwischen Djemaa el Fna und Kasbah-Viertel. Wunderbarer Garten, hervorragendes Restaurant und riesige Suiten und Zimmer. Trotz der wenigen Zimmer fühlt man sich hier eher wie in einem Hotel als in einem Riad. Wer also sowohl Ruhe sucht als auch Anonymität, ohne dabei an Service zu verlieren, ist hier richtig. *27 Zi. | 6, Rue Sidi Mimoun | Tel. 05 24 38 46 38 | www.villadesorangers.com | €€€*

MARCO POLO HIGHLIGHTS

⭐ **Riad Enija**
Viel mehr als nur ein Hotel: ein Traum aus 1001 Nacht
→ S. 79

⭐ **Riad des Eaux & Spa**
Klein, fein und absolut zum Wohlfühlen gemacht
→ S. 81

⭐ **Riyad el Cadi**
Riad voller Kunstschätze aus dem orientalisch-asiatischen Raum → S. 80

⭐ **Villa des Orangers**
Mitten in der Stadt, in einem paradiesischen Garten: Das Hotel verbindet Moderne und Orient → S. 79

⭐ **La Maison Arabe**
Luxus und Entspannung pur, verteilt auf mehrere Paläste
→ S. 78

HOTELS & RIADS €€

HOTEL AMANI (120 C1) (🗺 C5)

Das nette Hotel mit sehr gutem Preis-Leistungs-Verhältnis liegt in der Nähe des Hauptbahnhofs. Obwohl es ein typisches Stadthotel ist, hat es durchaus Charme. Die Zimmer sind komfortabel und in warmen Farben eingerichtet, und von der 🌿 Dachterrasse aus hat man einen tollen Blick über die Häuser. Besonders schön ist eine **INSIDER TIPP** **kleine Bibliothek**, in der sich der Gast Lesestoff, auch über die Stadt, holen kann. *37 Zi. | 11, Rue Abou Bakr Sediq, Ecke Av. Mohammed VI | Hivernage | Tel. 05 24 42 59 59 | hotel-amani.com | €€*

LE CASPIEN (117 D4) (🗺 C3)

Schönes Stadthotel, sehr zentral in Guéliz gelegen. Die Zimmer sind nett mit marokkanischen Fliesen eingerichtet, haben zum Teil einen kleinen Balkon, TV und saubere, schöne Bäder. Zur Medina laufen Sie nur wenige Minuten, alle wichtigen Galerien und Läden sind lediglich ein paar Schritte vom Hotel entfernt. Das Personal ist freundlich, das Frühstück lecker. *36 Zi. | 12, Rue Loubnane | Guéliz | Tel. 05 24 42 22 82 | lecaspien-hotel.com | €€*

L'HEURE D'ÉTÉ (U D4) (🗺 d4)

Fast ein Hotel, aber nur fast. Denn trotz seiner 25 Zimmer, die eigentlich viel zu viele für ein Riad sind, ist es ein Riad: ganz klassisch mit Innenhof, Dachterrasse und angenehmer Atmosphäre. Das Publikum ist international, die Zimmer sind stilvoll eingerichtet. *96, Sidi Boukoulate | Tel. 06 48 96 51 63 | www.lheure-dete.co*

NUR NICHT (VER)SCHLAFEN

La Mamounia (U A5) (🗺 a5)

Winston Churchill bezeichnete das Hotel als den schönsten Ort auf Erden. Die Gästeliste liest sich bis heute wie das Who's who der ganz Großen. Auch wer nur in die Lobby möchte, um sich in diesem beeindruckenden orientalischen Märchenpalast umzusehen, oder den ● traumhaft schönen Spabereich mit Hammam, Sauna und Massage nutzen will, muss schick gekleidet sein – sonst darf er gar nicht erst rein. *Ab 500 Euro | 210 Zi. | Av. Bab Jdid | Tel. 05 24 38 86 00 | www.mamounia.com | €€€*

Les Jardins d'Issil 🌿 (124 C3) (🗺 O)

Schlafen in Zelten oder Hütten – 13 km von der Stadt entfernt, in einem großen Garten mit Blick auf den Hohen Atlas. Ein Pool bietet Erfrischung, das Ausflugsprogramm (Quadfahrten, Bergsteigen) ist so spannend wie die Unterkunft. *5 Zelte, 4 Hütten | km 13, Route d'Ourika | Tel. 06 72 61 87 79 | www. jardinsissil.com | €€–€€€*

Riyad el Cadi ⭐ (U E2) (🗺 e2)

Herwig Bartels, der ehemalige deutsche Botschafter in Marokko, hat mit seiner Kunsthandwerkssammlung aus dem orientalischen-asiatischen Raum die Zimmer des wunderschönen Riads gestaltet. Checken Sie in der China-Suite, dem Korea-Zimmer oder der Berber-Suite ein. Kochkurse auf Voranmeldung. *14 Zi. und Suiten | 86/87, Derb Moulay Abdelkader | Dabachi | Tel. 05 24 37 86 55 | www.riyad elcadi.com | €€€*

Wow! Im Luxushotel La Mamounia einzuchecken ist zu schön, um wahr zu sein

MARRAKESCH LE TICHKA
(124 C3) (🕮 0)

In diesem typischen Pauschalhotel steigen jede Menge Gruppen ab, und dennoch gibt es einige gute Gründe, hier einzuchecken. Zum einen der großartige Garten mit riesigem Pool, zum anderen das wunderschöne, hervorragende Restaurant (das marokkanische, nicht das internationale), und zum dritten die Ruhe, die sehr ansprechende Architektur und die Taxinähe zur Medina. Buchung am besten im Reisebüro oder über ein Hotelbuchungsportal. *130 Zi. | Semlalia, Route de Casablanca | Tel. 05 24 44 87 10*

RIAD AL MOULOUK **(U E3) (🕮 e3)**

In einem 280 Jahre alten Palast erwartet Sie großartige Architektur. Der riesige Innenhof erschlägt einen erst mal mit seinen überbordenden Dekoelementen, die Zimmer unten sind auch etwas düster. Doch oben wird es wunderschön: riesige Zimmer mit sehr hohen Decken, traumhaft eingerichtet und mit großen, schönen Bädern. Einen Wermutstropfen gibt es allerdings: Das Haus ist extrem hellhörig. *5 Zi. | Derb Moulay Abdelkader | Dabachi | Tel. 05 24 42 95 18 | www.riad-almoulouk.ch*

RIAD BAMAGA **(U B1) (🕮 b1)**

Das hübsche Riad liegt im angenehmen Viertel Riad Laarousse. Die fünf Zimmer mit schön bemalten Türen gruppieren sich um einen Innenhof mit Brunnen und Palme und haben edle Bäder aus Tadelakt (marokkanischem Kalkputz). Freundliches, gut geschultes Personal. *86, Derb Sidi Bouamar | Riad Laarousse | Tel. 05 24 37 56 11 | www.riadbamaga.com*

RIAD DES EAUX & SPA ⭐
(U D4) (🕮 d4)

Zentral gelegenes, elegantes Riad mit tollem Preis-Leistungs-Verhältnis. Die

Zimmer sind geschmackvoll eingerichtet, im ganzen Haus herrscht eine ganz eigene Atmospäre, die von Bildern und Mosaiken rund um das Thema Wasser geprägt ist. Zum Wohlfühlen tragen außerdem das freundliche Personal und das hauseigene Hammam bei. Reisende

Doukkala | Tel. 05 24 37 86 11 | riadhelen.com

RIAD LE CLOS DES ARTS (U E4) (ⓜ e4)
Wer Kunst liebt, wird gern hier übernachten. Der Legende nach war das Riad früher eine kleine Kunstschule,

Kuschlig: Wenn der Fernseher aus ist, geht es im Riad des Eaux & Spa sehr ruhig zu

mit Kindern werden sich vielleicht nicht so willkommen fühlen, da es sehr ruhig zugeht, Hochzeitsreisende dafür umso mehr. *5 Zi. | 24, Derb Lakhadar | Riad Zitoune Lakhdim | Tel. 05 24 42 80 74 | riadmarrakechdeseaux.com*

INSIDER TIPP ▶ RIAD HELEN
(U B2) (ⓜ b2)
Schönes, helles Riad, ganz in Weiß und Türkis gehalten. Die Besitzer sind freundlich und sehr zuverlässig, auf Wunsch wird hervorragend gekocht und auf der Dachterrasse serviert. Das Preis-Leistungs-Verhältnis ist insgesamt einfach super. *5 Zi. | 138, Derb Arset Aouzal | Bab*

in der sieben Künste gelehrt wurden: Tanz, Malerei, Kalligrafie, Weberei, Töpferei und Bildhauerei. Passend dazu lehrten hier sieben Schwestern, und jeder ist ein Zimmer gewidmet. Das i-Tüpfelchen ist jedoch der kleine Pool auf dem Dach. *8 Zi. | Riad Zitoune Jdid | Tel. 05 24 37 51 59 | www.leclosdesarts.com*

RIAD LIMOUNA (U E4) (ⓜ e4)
Hübsches, zentral gelegenes Riad mit Minipool im Innenhof, schlichten, aber geschmackvollen Zimmern und freundlichen Gastgebern. Das Essen ist hervorragend, die Preise sind absolut fair, insofern ist man hier wunderbar aufge-

hoben. *5 Zi. | 3, Derb Cherkaoui | Douar Graoua | Tel. 0033 6 60 72 06 82 | www. riadlimouna.com*

RIAD SOUNDOUS (U B1) (𝄞 b1)

Das nette Riad liegt etwas versteckt in einer Gasse im Viertel Riad Laarousse. Von den fünf Zimmern sind zwei miteinander verbunden. Pascale führt das Haus freundlich und engagiert und bietet ihren Gästen so einen tollen Aufenthalt. **INSIDER TIPP** Fragen Sie nach dem Zimmer Cleopatra mit Himmelbett und phantastischem Bad mit Deckengewölbe. *Derb Sidi Bou Amar | Riad Laarousse | Tel. 05 24 38 38 23 | www.riadsoundous. com*

HOTELS & RIADS €

DAR DAOUD (U D2) (𝄞 d2)

Das ehemalige Wohnhaus des deutschen Malers Hans Werner Geerdts ist ein kleines Schmuckstück. Privater kann man kaum wohnen: Neben dem Salon de thé gibt es nur vier Zimmer. Nett. *52, Rue El Mouassine | Derb el Hammamm | Tel. 05 24 38 17 70 | www.dar-daoud.com*

HOTEL ALI (U C–D4) (𝄞 c–d4)

Das Travellerhotel am Djemaa el Fna schlechthin. Hier treffen sich Rucksacktouristen, die wenig Geld ausgeben möchten. Die Zimmer sind klein, aber sauber und komfortabel und mit eigenem Bad, das Ambiente ist jugendlich und leger. *28 Zi. | Moulay Ismail | Tel. 05 24 44 49 79 | www.hotel-ali.com*

HOTEL DU TRESOR (U D4) (𝄞 d4)

Sehr kleines, zentral gelegenes Riad. Rund um einen Minipool verteilen sich winzige Zimmer, die minimalistisch, aber stilvoll und schön eingerichtet sind. Alles ist in Weiß gehalten. Die Säulen im Innenhof und die langen weißen

Vorhänge versprühen eine leicht angestaubte Eleganz, aber für diesen Preis ist das vollkommen in Ordnung. *13 Zi. | 77, Sidi Bouloukat | Riad Zitoun Lakdim | Tel. 05 24 37 51 13 | p52975.typo3server.info*

HOTEL SHERAZADE (U D4) (𝄞 d4)

Eins der ersten Hotels in der Medina, das in einem Riad errichtet wurde. Und eine tolle Adresse für alle, die gern schön und zentral wohnen, aber nicht allzu viel bezahlen möchten. Es gibt viele lauschige Plätze und Ecken zu entdecken, das leckere Frühstück wird auf der Dachterrasse serviert. *23 Zi. | Derb Djama | Riad Zitoun el Kedim | Tel. 05 24 42 93 05 | www. hotelsherazade.com*

LOW BUDGET

Nur wenige Minuten vom Djemaa el Fna entfernt, reiht sich südlich davon eine Low-Budget-Unterkunft an die andere. Selbst in der Hochsaison bekommen Sie ohne lange Suche Zimmer ab 120 DH.

Sehr viele Riads und Hotels bieten in der Nebensaison Specials an, wie vier Nächte buchen, aber nur drei bezahlen, oder kostenlosen Flughafentransfer. Es lohnt sich also, längerfristig zu planen und die Websites zu beobachten. Oder fragen Sie direkt nach Rabatten. In Marokko ist Handeln kein Problem – nicht mal in Riads oder Hotels.

Couchsurfing in Marrakesch ist sicher nicht ganz einfach, da es noch ziemlich unbekannt ist, aber es ist möglich, aufregend und kostenlos. *www. couchsurfing.com*

JNANE MOGADOR (U D4) (*m d4*)

Das zentral gelegene, in einem großen Riad untergebrachte Hotel ist eine der besten Adressen Marrakeschs, was das Preis-Leistungs-Verhältnis betrifft. Hübsche Zimmer gruppieren sich um einen Innenhof mit großem Brunnen. Das Personal ist ausgesprochen freundlich, das Publikum international. Von der ⚜ Dachterrasse genießen Sie einen schönen Blick über die Medina, nicht nur beim Frühstück. *17 Zi. | 116, Rue Riad Zitoun el Kedim | Tel. 05 24 42 63 23 | www.jnanemogador.com*

LES COULEURS DE L'ORIENT
(U D4) (*m d4*)

Authentisches, nettes Riad mit vier Suiten, kleinem Salon, vielen bunten Bildern an den Wänden und einer Rundum-Verkachelung im unteren Bereich. Großes Spa. Für Low-Budget-Reisende gibt es sogar ein 8-Bett-Zimmer, in dem die Betten einzeln gebucht werden können – also ist für jeden was dabei. *22, Rue Riad Zitoun Lakdim Derb Lakhdar | Tel. 05 24 42 65 13 | www.couleursde lorient.com*

RIAD JOHENNA (U E4) (*m e4*)

Das kleine und feine Riad des deutsch-marokkanischen Paars Hans und Sabah ist eine tolle Adresse für diejenigen, die gern zentral in der Medina wohnen, aber keine Lust auf ein großes Hotel oder Riad haben. Die supersympathischen Gastgeber führen das Haus sehr engagiert – auf Bestellung bekommen Sie auch ein hervorragendes Essen serviert. *3 Zi. | 25, Sidi Boufdail, Rue Kennaria | Tel. 05 24 38 90 34 | www.riad-johenna.com*

KOCHEN WIE JAMIE

Kochen liegt voll im Trend. Und so bieten inzwischen die meisten Riads und Hostels Kochkurse für ihre Gäste an – mit sehr unterschiedlicher Qualität. Empfehlenswert sind die professionellen Kurse im *La Maison Arabe* (s. S. 59), bei denen Sie unter Leitung eines Kochs bzw. einer Köchin eine Patisserie oder ein Hauptgericht kochen. Auf Voranmeldung kann man auch tolle Kochkurse im *Riyad el Cadi* (s. S. 80) buchen. Sie werden individuell betreut und gehen gemeinsam einkaufen. Kochen wie Jamie Oliver lernen Sie im *Maison MK* **(U C2)** (*m c2*) *(14, Derb Sebaai | Tel. 05 24 37 61 73 | www.maisonmk.com)*. Der englische Starkoch hat in diesem Riad nahe dem Viertel Mouassine (Bab Ksour) seinen Marrakesch-Film gedreht.

So kochen Sie das, was auch Jamie hier gezaubert hat: marokkanische Salate, hausgemachtes Brot, eine Hähnchen- oder Lammtajine, Couscous und Dessert. Der dreistündige Kurs auf Englisch und/oder Französisch kostet inkl. Lunch rund 90 Euro pro Person. Da er sehr begehrt ist, am besten lange im Voraus reservieren. Die kleine Kochschule ⬤ *Souk Cuisine (Tel. 06 73 80 49 55 | soukcuisine.com)* der Holländerin Gemma bietet vierstündige Kurse (auf Englisch, 50 Euro pro Person) mit gemeinsamem Marktkauf und anschließendem Essen. In einem Riad nahe dem Rahba Kedima **(U D2)** (*m d2*) bereiten Sie traditionelle marokkanische Gerichte zu, wie Gemüsesalate, Tajine, Sardinen und süßen Couscous.

Riad Johenna: Hans und Sabah sind supersympathische Gastgeber

HOSTELS & LOW-BUDGET-HOTELS

ESSAOUIRA (U D4) (⋒ d4)

Sehr nettes, kleines Hotel mit sauberen Zimmern, jedoch meist ohne Bad. Das Personal ist freundlich und spricht Englisch, die Gäste sind international und überwiegend jung. Da das Hotel sehr beliebt ist, sollte man unbedingt vorher reservieren. *28 Zi. | 3, Derb Sidi Bouloukate | Tel. 05 24 44 38 05*

HOTEL ADAY (U D4) (⋒ d4)

Sympathisches kleines Hotel in der Nähe vom Djemaa el Fna. Die sauberen Zimmer mit Waschbecken gruppieren sich um einen hübschen Innenhof. Sie haben gekachelte Wände und sind mit bunten Decken gemütlich eingerichtet. Das mehrsprachige Personal ist auf europäisches Publikum eingestellt. Sehr günstige Preise. *15 Zi. | 111, Derb Sidi Kedima Zitoun Boloukat | Tel. 05 24 44 19 20 | www.hotel-aday.com*

HOTEL AFRIQUIA (U D4) (⋒ d4)

Das nette, sehr einfache Hotel liegt total zentral, nur zwei Minuten vom Djemaa el Fna entfernt. Die sauberen Zimmer gruppieren sich rund um einen Innenhof mit herrlich duftendem Orangenbaum. Freundliches Personal. *28 Zi. | 45, Sidi Bouloukate | Tel. 05 24 44 24 03*

INSIDER TIPP ▶ RIAD MASSIN
(U A1) (⋒ a1)

Ein heißer Tipp für Low-Budget-Reisende! Das angenehme Traveller-Hostel in der Nähe vom Bab Doukkala bietet etwas ganz Besonderes in dieser Preisklasse, und zwar ist es in einem alten Palais untergebracht und hat dadurch den Flair eines Riads. Im wunderschönen Innenhof wird auch das Frühstück serviert. Die Atmosphäre ist unkompliziert und international, es gibt Dorm-Betten und WLAN im ganzen Haus. *5 Zi. | 48, Derb Sidi Mohammed l'Haj Bab Doukkbala | Tel. 06 67 53 45 08 | www.riad-massin.hostel.com*

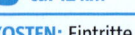

ERLEBNISTOUREN

1 MARRAKESCH PERFEKT IM ÜBERBLICK

START: **1** Café Koutoubia
ZIEL: **17** Djemaa el Fna

1 Tag
reine Gehzeit
ca. 3 Stunden

Strecke:
➡ ca. 12 km

KOSTEN: Eintritte Museen ca. 20 Euro pro Person, Taxifahrten ca. 5 Euro, Essen und Trinken ca. 20 Euro pro Person
MITNEHMEN: ausreichend Wasser

ACHTUNG: Unternehmen Sie diese Tour weder an einem Dienstag, wenn alle Museen geschlossen sind, noch an einem Freitag, wenn die Läden des Souks nicht geöffnet sind. Sonntags sind die Galerien geschlossen.
Nichtmuslime dürfen Moscheen nicht betreten!

Städte haben viele Facetten. Wenn Sie Lust haben, diese verschiedenen Gesichter mit all ihren einzigartigen Besonderheiten zu entdecken, wenn Sie jenseits bekannter Pfade geführt oder zu grünen Oasen, ausgewählten Restaurants oder typischen Aktivitäten geleitet werden wollen, dann sind diese maßgeschneiderten Erlebnistouren genau das Richtige für Sie. Machen Sie sich auf den Weg und folgen Sie den Spuren der MARCO POLO Autoren – ganz bequem und mit der digitalen Routenführung, die Sie sich über den QR-Code auf S. 2/3 oder die URL in der Fußzeile zu jeder Tour downloaden können.

An nur einem Tag erleben Sie die vielen Seiten von Marrakesch. Sie erkunden die Medina, versinken im Blau des Malers Majorelle und lassen die moderne Kunstszene der Neustadt auf sich wirken. Krönender Abschluss der Tour ist der Besuch des Djemaa el Fna, des legendären Gauklerplatzes.

09:00 Ihr Tag beginnt im ❶ **Café Koutoubia** *(tgl. | Blvd. Fatima Zohra)* mit einem frisch geschäumten Café au lait. Wer danach immer noch nicht richtig wach ist, wird spätestens beim Blick auf die gegenüberliegende Moschee ❷ **Koutoubia → S. 30** große Augen bekommen: Das fili-

❶ Café Koutoubia ☕

❷ Koutoubia 🕌

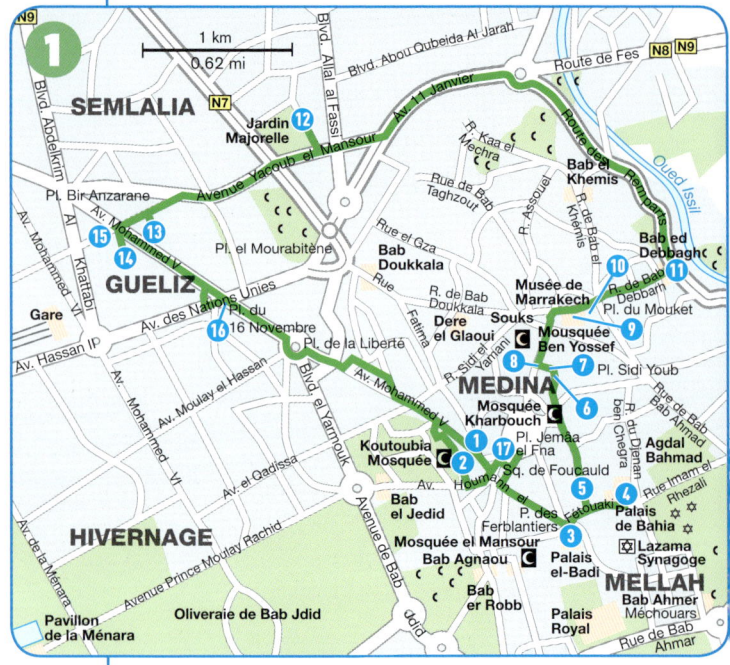

grane Minarett mit seinen Keramikkacheln und goldenen Kugeln auf der Spitze ist ein echter Hingucker. **Vorbei am Jardin du Foucault, schlendern Sie zum Djemaa el Fna und biegen nach der Banque el Maghrib rechts ab. Von hier sind es nur rund 900 m zur ❸ Place des Ferblantiers → S. 43**, dem idyllischen Platz der Eisenschmiede mit seinen kleinen Cafés und Läden. Sehen Sie die Störche auf der Stadtmauer? Ganzjährig klappern sie miteinander um die Wette.

❸ Place des Ferblantiers

Nur wenige Schritte entfernt taucht der ❹ **Palais de la Bahia → S. 42** auf. Wenn Sie sich darin fühlen, als wären Sie im Film, liegen Sie gar nicht falsch, denn die Räume dienten schon in den 60er-Jahren als Kulisse für das Wüstenepos „Lawrence von Arabien". **Weiter geht es über die ❺ Rue Riad Zitoun el Jdid → S. 39**, vorbei an kleinen Geschäften und inmitten eines irrsinnigen Gedrängels, **nach Norden. Haben Sie den Derb Dabachi überquert, kommt linker Hand** das kleine, privat betriebene ❻ **Musée du Patrimoine de Marrakech** (tgl. 9–18 Uhr | Eintritt

❹ Palais de la Bahia

❺ Rue Riad Zitoun el Jdid

❻ Musée du Patrimoine de Marrakech

30 DH | www.heritagemuseummarrakech.com). Wenn Sie sich an den filigran gearbeiteten Schmuckstücken, Textilien und Töpferwaren sattgesehen haben, geht es rauf auf die **Dachterrasse** mit herrlichem Blick auf Marrakesch! Kurz darauf sind Sie am ❼ **Rahba Kedima → S. 37**, dem früheren Sklavenmarkt, den heute viele Verkaufsstände beleben. Spätestens jetzt haben Sie sich wieder eine Pause verdient, und zwar im trendigen ❽ **Café des Épices → S. 56** mit super Blick auf den Platz.

12:00 Nutzen Sie die Mittagszeit, in der nicht viel los ist, zum Besuch von zwei Palästen, die durch ihre großartige Architektur beeindrucken. **Östlich vom Souk geht es zunächst zum** ❾ **Musée de Marrakech → S. 36**, einem alten Palast mit wunderschöner Schmuck- und Keramiksammlung, und weiter zur prachtvollen Koranschule ❿ **Medersa Ben Youssef → S. 33**. In solchen Klassenzimmern macht Lernen bestimmt Spaß! **Danach folgen Sie der Rue Ibn Lafndek nach Osten in die Avenue Bab el Debbagh.** Kurz vor der alten Stadtmauer der Medina verrichten linker Hand in den ⓫ **Tanneries**, den Gerbereien von Marrakesch, Männer ihre Knochenarbeit. Den archaischen Ort verlassen Sie **durch das Stadttor.**

15:00 Mit dem Taxi geht es in 15 Minuten zum ⓬ **Jardin Majorelle → S. 47**. Der im wahrsten Sinne des Wortes paradiesische Garten ist berühmt für seine Farbenpracht. Nicht nur in Grün, auch in Blau leuchtet er! Im kleinen **Café** schmeckt ein Snack, dann atmen Sie noch mal tief den Duft blühender Pflanzen ein. Denn jetzt ruft die City! **Ein Taxi bringt Sie nach Guéliz,** wo Sie sich in das Abenteuer moderne Kunst stürzen. **Zunächst in der Rue des Vieux Marrakchis** in der ⓭ **David Bloch Gallery → S. 67** und danach **in der Rue de Yougouslavie** in der ⓮ **Matisse Art Gallery → S. 67** entführen Sie Gemälde, Skulpturen und Installationen marokkanischer und internationaler zeitgenössischer Künstler in das Lebensgefühl des modernen, jungen Marrakesch.

18:30 Zeit für einen Sundowner! **Folgen Sie der Rue de Yougouslavie nach Norden bis zum Boulevard Zerktouni.** In der ⓯ INSIDER TIPP **Roofbar** im Hotel **La Renaissance** *(tgl. 10.30–2 Uhr | Blvd. Zerktouni, Ecke Av. Mohammed V | www.renaissance-hotel-marrakech.com)* sitzen Sie hoch über den Dächern von Marrakesch und sehen hinter dem Hohen Atlas die Sonne untergehen. Ist das letz-

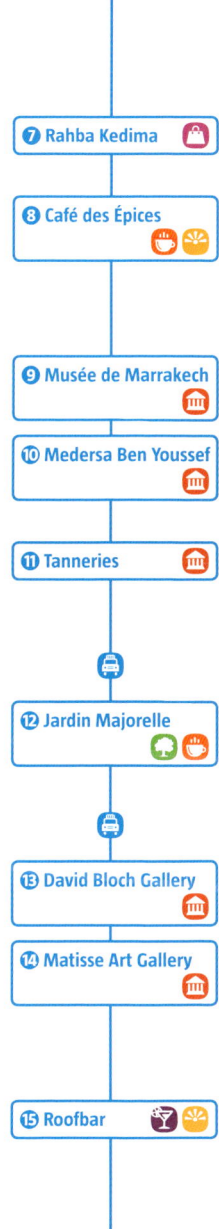

❼ Rahba Kedima

❽ Café des Épices

❾ Musée de Marrakech

❿ Medersa Ben Youssef

⓫ Tanneries

⓬ Jardin Majorelle

⓭ David Bloch Gallery

⓮ Matisse Art Gallery

⓯ Roofbar

⑯ Place du 16 Novembre

te Zipfelchen Gold verschwunden, sollten Sie es wie die Marokkaner halten: **Flanieren Sie die Avenue Mohammed V → S. 45 nach Süden bis zum ⑯ Place du 16 Novembre → S. 46**. Auf dem Platz ist halb Marrakesch auf den Beinen, um zu sehen und gesehen zu werden. Haben Sie genug vom lebhaften Treiben, **laufen Sie 15 Minuten geradeaus weiter, bis es links zum Djemaa el Fna geht.**

⑰ Djemaa el Fna

20:30 Hören Sie Tröten und Trommeln, sehen Sie Rauchschwaden von Essensständen emporsteigen, und riechen Sie den Duft von frisch Gebratenem? Dann sind Sie im Herzen von Marrakesch angekommen, auf dem **⑰ Djemaa el Fna → S. 29**. In dieser einzigartigen Atmosphäre aus Schlangenbeschwörern und Akrobaten, Wunderheilern und fliegenden Händlern folgen Sie einfach Ihrer Nase und finden die Garküche nach Ihrem Geschmack. Schöner als inmitten dieses Spektakels können Sie den Tag nicht ausklingen lassen.

---

② AUF DEM DRAHTESEL DURCH DIE STADT

START: ❶ **Bab el Khemis**
ZIEL: ❽ **Hôtel Les Jardins de la Koutoubia**

6 Stunden
reine Fahrzeit
ca. 3 Stunden

Strecke:
➡ **28 km**

KOSTEN: Fahrradmiete und Picknick ca. 25 Euro pro Tag/Person,
❸ **Paloozaland:** Eintritt 2 Euro,
❽ **Hôtel Les Jardins de la Koutoubia:** Eintritt Pool ca. 20 Euro
MITNEHMEN: Badezeug, Sonnenschutz

ACHTUNG: Freitags sind die wenigsten Autos unterwegs, für Kleinkinder ist die Tour aber nie geeignet. Starten Sie früh, denn es gibt wenig Schatten. Sonntags ist der Supermarkt geschlossen. Fahrräder können Sie etwa bei **Marrakech Mountainbike** *(Av. Hassan II | Tel. 05 24 43 59 11 | marrakechmountainbike.com)* mieten.

Marrakeschs grüne Seiten auf dem Fahrrad zu entdecken ist ein großes Abenteuer! Sie durchqueren den Oasengürtel, picknicken in einem Olivenhain und kühlen sich in einem schönen Hotelpool ab.

❶ Bab el Khemis

08:00 Ausgerechnet an einem der belebtesten Tore der Stadt, am ❶ **Bab el Khemis → S. 32**, startet die

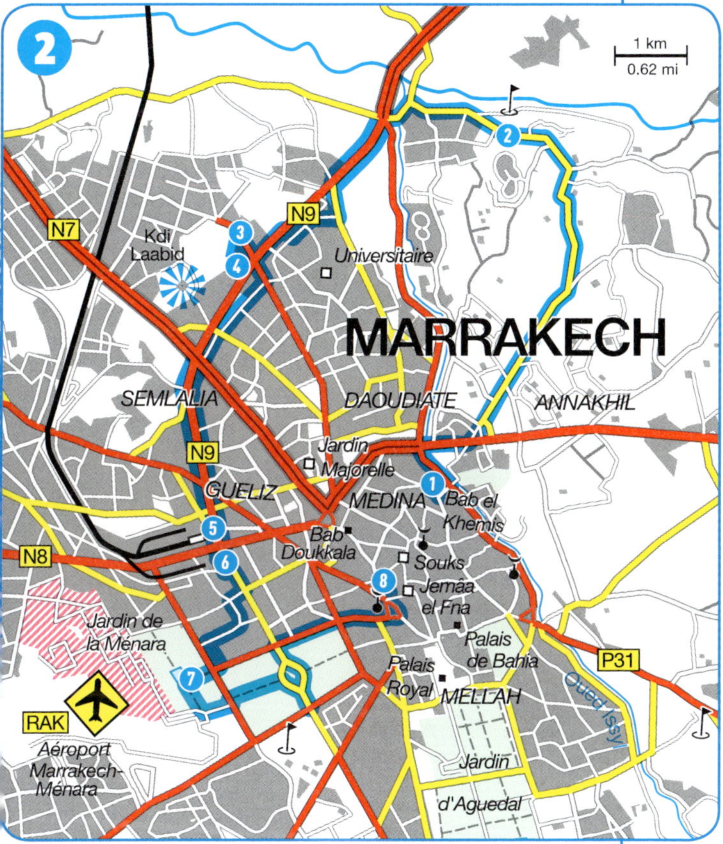

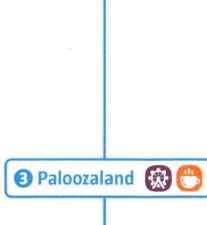

Tour. Helm auf, Mut gefasst – und los geht's! Keine Sorge, **es geht nur 650 m auf der Route de Fès, dann biegen Sie links in die Route des Jardins de la Palmeraie und gelangen zum Oasengürtel** ❷ **Palmeraie**, dem Beverly Hills von Marrakesch mit seinen großen Anwesen und schicken Hotels. Vorbei am Oued Tensift mit seinem Golfplatz, **nehmen Sie am Kreisel die zweite Ausfahrt geradeaus. Sie verlassen das Grün, kommen auf eine größere Straße und biegen nach 3 km links in einen Feldweg ein, der ins Viertel Douar Sraghna führt, ein reines Wohnviertel. Sobald Sie auf den Boulevard Allal Al Fassi stoßen,** sehen Sie das ❸ **Paloozaland** → S. 99, einen kleinen Freizeitpark. Im Schatten trinken Sie einen Kaffee mit Blick auf die Dinos.

❷ Palmeraie

❸ Paloozaland

④ Supermarché Marjane

⑤ Gare de Marrakech

10:30 Direkt daneben decken Sie sich im **④ Supermarché Marjane** mit Brot und Käse, Tomaten und Oliven für ein tolles Picknick ein. Weiter geht es **am Kreisel geradeaus und dann gleich rechts.** Vorbei an Bäumen, kleinen Villen und schicken Cafés, gelangen Sie zur **Route de Safi. Von hier kommen Sie über den Boulevard Abdelkrim al Khattabi** zum **⑤ Gare de Marrakech → S. 46**. Werfen Sie unbedingt einen Blick in die prächtige **Bahnhofshalle**, eine Mischung aus orientalischer und moder-

Toller Picknickplatz mit Blick auf den Hohen Atlas: Pavillon im Jardin Ménara

⑥ Théâtre Royal

⑦ Jardin Ménara

ner Architektur, und gleich gegenüber in das extravagante **⑥ Théâtre Royal → S. 46**, einen spannenden Mix aus Moschee und Oper. **Vorbei am Hotel Les Idrissides, radeln Sie gen Süden und biegen in der Avenue Moulay Hassan rechts ab. Nach genau 1 km erreichen Sie den ⑦ Jardin Ménara → S. 48**, ein herrliches Stück Land voller Olivenbäume und mit einem großen Wasserbassin. Packen Sie dort Ihr Picknick aus und lassen die Füße ins Wasser baumeln. Mit etwas Glück ist auch der **Pavillon** geöffnet, und Sie genießen von dort den Blick auf den Hohen Atlas.

13:30 Es ist heiß geworden, doch die letzte Etappe ist nur noch kurz. **Sie durchfahren den Park bis zum südlichen Ende, biegen nach links ab und gelangen durch die Oliveraie und das Bab Djdid zum Djemaa el Fna → S. 29.** Endstation! Lust auf eine Abkühlung? Springen Sie in den großen und schönen Pool des am Gauklerplatz gelegenen **8 Hôtel Les Jardins de la Koutoubia** *(tgl. | www. lesjardinsdelakoutoubia.com)*, INSIDER TIPP **den Sie auch als Nichthotelgast nutzen können**. Eine Wohltat für die müden Radlerbeine!

8 Hôtel Les Jardins de la Koutoubia

---

3 MARRAKESCH KULINARISCH

START: 1 Amal-Center
ZIEL: 10 Jad Mahal

1 Tag
reine Gehzeit
2 Stunden

Strecke:
 ca. 9 km

KOSTEN: ca. 100 Euro pro Person für Kursgebühr (20 Euro), Taxifahrten, Essen und Trinken
MITNEHMEN: Hunger

ACHTUNG: 1 Amal-Center: Melden Sie sich zum Kochkurs vorher unter *Tel. 05 24 44 68 96* an (freitags finden keine Kurse statt). Die Läden der Medina sind freitags geschlossen.
9 Al Fassia: montags geschlossen, unbedingt reservieren unter *Tel. 05 24 43 40 60*

Erleben Sie Marrakeschs sinnenfreudige Seite und die Geschmackswelt des Orients. Freuen Sie sich auf ein paar vergnügliche Stunden beim Kochkurs, beim Bummeln über Märkte und beim Schlemmen im Toprestaurant von Marrakesch.

10:00 Mit dem Kochkurs geht's gleich los: Im **1** INSIDER TIPP **Amal-Center** *(Rue Allal Ben Ahmed, Ecke Rue Ibn Sina | Guéliz | amalnonprofit.org)*, einem Projekt für alleinerziehende Marokkanerinnen, lernen Sie auf Englisch oder Französisch in kleinen Gruppen, ein typisch marokkanisches Mittagessen zu kochen. Zusammen stehen Sie am Herd und zaubern Tajine, Couscous oder eine Bastila. Eine tolle Gelegenheit, mit einheimischen Frauen ins Gespräch zu kommen!

Ein Verdauungsspaziergang führt Sie durch die **2 Rue de Yougouslavie** mit ihren vielen Läden und Galerien. Im **3 Parc el Harti** im Szeneviertel **Hivernage → S. 44** halten Sie anschließend im Schatten der Bäume ein Nickerchen. Lust auf ein Eis? Nicht weit von hier, in der **Avenue Mohammed VI → S. 46**, liegt eine der besten Eisdielen Marokkos. Gönnen Sie sich ein paar Kugeln im **4 Café Glacier Hivernage**!

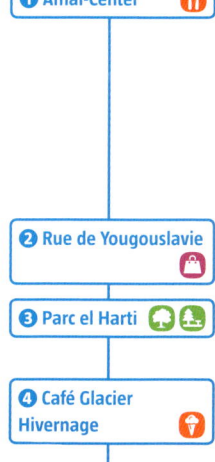

1 Amal-Center

2 Rue de Yougouslavie

3 Parc el Harti

4 Café Glacier Hivernage

⑤ Marché du Mellah 🛍️

⑥ Oliven- und Harissastände 🛍️

⑦ Souk Cherifa 🛍️

⑧ Café Arabe 🍸 ☀️

15:00 Jetzt ist Shoppen angesagt! **Nehmen Sie ein Taxi zum ⑤** INSIDER TIPP ► **Marché du Mellah**. Es riecht zwar ein wenig streng nach lebenden Hühnern, aber bessere Gewürze als hier finden Sie nirgends in der Stadt. **Danach laufen Sie über die Rue Riad Zitoun el Kdim zum Djemaa el Fna → S. 29**. Gegenüber vom Café de France, **gleich rechts vor dem Souk Semmarine**, finden Sie die besten **⑥ Oliven- und Harissastände** von ganz Marrakesch. Voll beladen mit Tüten, heißt es jetzt Kurs auf den **⑦ Souk Cherifa → S. 66** nehmen. Wenn Sie im Gassengewirr nicht weiterwissen: einfach nach dem Weg fragen. Denn er lohnt sich: Die **Patisserie des Terrasses des Épices** verkauft INSIDER TIPP ► **hervorragendes marokkanisches Gebäck**. Das Kilo *Cornes des Gazelles* kostet zwar rund 20 Euro – doch die süßen Leckereien sind das wert. Gut verpackt halten die Marzipanhörnchen ein paar Wochen.

18:30 **Gleich um die Ecke links** liegt das **⑧ Café Arabe** *(Rue Mouassine | www.cafearabe.com | €€)* mit seiner Panoramaterrasse. Nach einem Aperitif hoch über den Dächern der Medina **suchen Sie ein Taxi (350 m von hier beim Dar el Bacha gibt es viele) und lassen sich ins beliebte Ausgehviertel Guéliz fahren.** In Marrakeschs bestem Restaurant, dem ❾ **Al Fassia → S. 57**, sollten Sie unbedingt die butterzarte Lammschulter bestellen, dazu verschiedene Salate und köstlichen Rotwein. **Ein Taxi bringt Sie anschließend in den hippen Club ❿ Jad Mahal → S. 74**. Livemusik heizt dort die Stimmung an, bis es Sie vom Barhocker reißt, mitten auf die Tanzfläche!

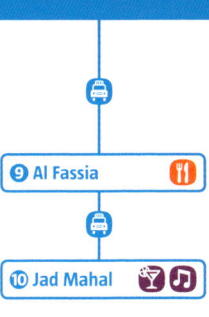

❾ Al Fassia

❿ Jad Mahal

4 MÄRCHENHAFTE PALÄSTE

START: ❶ Dar Cherifa	**6 Stunden**
ZIEL: ❾ Hammam Mille et une Nuit	reine Gehzeit
Strecke: ➡ 10 km	1,5 Stunden

KOSTEN: ca. 70 Euro pro Person für Kutschfahrt, Hammam, Eintrittspreise und Mittagessen
MITNEHMEN: Karotte fürs Kutschpferd, großes Handtuch und Wäsche zum Wechseln

ACHTUNG: Mittwochs ist das ❶ **Dar Cherifa** geschlossen, montags das ❽ **Pepe Nero**, dienstags sind es die Museen.
Preis der Kutsche vorher aushandeln (ca. 15 Euro) und Route festlegen!
Die Massage im ❾ **Hammam Mille et une Nuit** vorher reservieren unter *Tel. 05 24 44 30 79*.

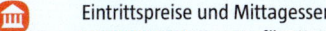

Vorhang auf für die Welt aus 1001 Nacht: Entdecken Sie die prächtigsten Paläste der Stadt auf einer Kutschfahrt, und fühlen Sie sich dabei wie ein Pascha. Krönender Abschluss: Lassen Sie sich in den Nebelwelten eines Hammam verwöhnen.

10:00 Genießen Sie einen köstlichen *thé à la menthe* im ❶ **Dar Cherifa → S. 32**, einem wunderschönen Wohnpalast aus dem 17. Jh. **Auf der Rue Mouassine halten Sie sich links, gleich noch mal links und beim Boulevard Fatima Zahra zum dritten Mal links.** Am ❷ **Parkplatz der Kutschen** steigen Sie in eins der Gefährte, in dem sich früher Paschas und Könige chauffieren ließen, und los geht's!

Vorbei am Königspalast, gelangen Sie durch das Bab Agnaou → S. 39 in das alte Palastviertel ❸ Kasbah → S. 42. Durch die Rue Kasbah lassen Sie sich zum Bab Ksiba kut-

❶ Dar Cherifa

❷ Parkplatz der Kutschen

❸ Kasbah

Palais El Badi

Dar Tiskiwin

schieren. Sie verlassen die Medina, und fahren entlang der alten Stadtmauer zum Jardin de l'Agdal → S. 40. Ist der König in Marrakesch, fährt die Kutsche durch die Route d'Agdal, sonst durch den Garten. Beim ❹ **Palais El Badi** → S. 42 geben Sie dem Pferd die Karotte und dem Fahrer ein Trinkgeld. Wie hier einst die Paschas von Marrakesch lebten, erahnen Sie bei einem Streifzug durch die Ruinen der maurischen Palastanlage.

12:00 Nächster Stopp ist das ❺ **Dar Tiskiwin** → S. 40. Werfen Sie zumindest einen längeren Blick in dieses schöne Altstadthaus, das die Privatsammlung des Anthropologen Bert Flint beherbergt, und **folgen dann den**

Hinweisschildern zum Wesirspalast 6 **Dar Sidi Said →** S. 40. Hier sollten Sie sich Zeit lassen, um die schönsten Stücke aus der ethnografischen Sammlung zu bewundern. **Jetzt weiter geradeaus, dann links, und Sie sind in der Rue Riad Zitoun el Jdid →** S. 39. Im 7 **INSIDER TIPP** **Riad Slitine** (riad-slitine.com), einem Gästehaus, das in einem zauberhaften Palast aus dem 17. Jh. untergebracht ist, können Sie bei einer kurzen Rast im **Innenhof** mit seinen riesigen Bananenstauden die Decke mit feinsten Schnitzereien aus Zedernholz bewundern. Aber essen Sie nichts! Denn **jetzt geht es erst links, dann rechts und gleich wieder links** zu 8 **Pepe Nero** (Di–So 12–14.30 und 19.30–23 Uhr | Derb Cherkaoui, Douar Graoua | www.pepenero-marrakech.com | €€), dem Restaurant des **Riyad al Moussika** (www.riyad-al-moussika.com). Die italo-marokkanische Fusionküche im toll restaurierten Palast ist gut, der Spaziergang nach dem Lunch durch den herrlichen **Garten** mit Wasserbecken fast noch besser.

15:00 Erschöpft? Lassen Sie den Nachmittag entspannt ausklingen. **Laufen Sie zurück zum Parkplatz, dann links und gleich wieder links. Wenn Sie der Gasse nach Norden bis zum Derb Dabachi folgen, geht es erneut links** bis zum 9 **Hammam Mille et une Nuit** (tgl. | Derb Dabachi | Medina). In den Nebelschwaden des Dampfbads lassen Sie sich gekonnt durchkneten – und genießen noch mal das Pascha-Feeling in Marrakesch.

6 Dar Sidi Said

7 Riad Slitine

8 Pepe Nero

9 Hammam Mille et une Nuit

Gut versteckt: Hinter meterhohen dicken Mauern liegt der königliche Palast

MIT KINDERN UNTERWEGS

Marokkaner lieben Kinder. Und entsprechend willkommen sind sie. Staunen Sie also nicht, wenn wildfremde Menschen Ihren Kindern über den Kopf streicheln, sie ansprechen oder Süßigkeiten schenken wollen.

Dennoch ist Marrakesch keine Stadt, die viele Attraktionen speziell für Kinder anbieten würde. Marokkanische Kinder kennen so etwas nicht – und nur für die Touristen lohnt es sich nicht. So gibt es keine großen Freizeitparks, keinen Zoo, keine speziell für Kinder eingerichtete Museen. Vielmehr ist es der Alltag in Marrakesch, der Ihren Nachwuchs in den Bann ziehen wird: die lebendige Medina mit ihren Souks und den freundlichen (und geschäftstüchtigen) Handwerkern, die schnell für die Kleinen einen Kettchen-Anhänger aus Holz drechseln, die Eselskarren, die man überall in der Stadt sehen kann, oder eine Fahrt mit der Pferdekutsche. Dennoch gibt es ein paar ganz besondere Orte in Marrakesch, die Kindern Spaß machen, auch wenn sie nicht nur für sie geplant wurden.

KAMELREITEN (U A5–6) (🗺 a5–6)

Auf der Freifläche außerhalb der Stadtmauer, zwischen dem Hotel La Mamounia und dem Viertel Hivernage, finden Sie fast immer (außer freitags) Kameltreiber, pardon: Dromedartreiber, mit ihren Tieren, die sie in der Regel gut halten. Alle, die nicht aus Marrakesch herauskommen und in die Wüste fahren möchten, haben hier die Möglichkeit, einmal ein Dromedar zu besteigen. Vor allem Kinder lieben das Geschaukel auf dem Wüstenschiff – und natürlich die tolle Aussicht von dort oben. Der Preis ist Verhandlungssache, aber rechnen Sie mit 100 DH pro Kamel pro Stunde. Geritten wird in der sogenannten Oliveraie, die von hier bis zum Flughafen geht.

OASIRIA (124 C3) (🗺 0)

Dieser gigantische Aquapark ist gerade im Sommer, wenn man es in der Stadt vor Hitze nicht mehr aushält, ein perfektes Ausflugsziel. Lange Rutschen, Piratenschiff, Wellenbecken: alles da, was das Kinderherz begehrt. Riesige Liegewiesen, mehrere Restaurants und Cafés, Beachvolleyballfelder und Musik erfreuen eher die Eltern. Ein kostenloser Shuttleservice ab der Hauptpost in Guéliz ist eingerichtet. *Ende März–Ende Okt. tgl. 10–18 Uhr | Eintritt Erwachsene 210 DH, Kinder bis 150 cm 130 DH, Kinder unter 80 cm gratis | km 4, Route du Barrage | www.oasiria.com*

Auch ohne Zoo und Freizeitpark haben Kids viel Spaß beim Schaukeln auf dem Wüstenschiff, Bogenschießen und Klettern

PALOOZALAND (124 C3) ( 0)

Im Dinosaurierpark mit seinen Fahrge-schäften und Spielplätzen, Plastikdinos, Hängebrücken, Schwimmbad und viel, viel Action – vor allem freitags – kön-nen sich Kinder austoben und Spaß haben. Für europäische Verhältnisse ist das Angebot zwar eher bescheiden, für Marokkaner aber ganz groß. *Sommer tgl. 10–22 Uhr, Winter kürzer (aktuell nach Wetter) | Eintritt Mo–Fr 12 DH, Sa/So 15 DH, Schwimmbad extra: für Erwachsene Mo–Fr 140 DH, Sa, So 160 DH, für Kinder unter 120 cm Mo–Fr 50 DH, Sa/So 70 DH | Koudiate Laabid, Route de Casablanca | www.paloozaland.com*

SPIELPLÄTZE

Es klingt vielleicht etwas ungewöhnlich, aber die schönsten (und meist auch einzigen) Spielplätze Marokkos liegen alle an Tankstellen, die besten an den Tankstellen der Firma *Afriquia*. Da es dort auch immer kleine Restaurants gibt, frischen Tee und guten Kaffee, finden sich nachmittags häufig ganze Familien hier ein, damit die Kleinen toben können. Besonders schön und gut ausgebaut ist der Spielplatz an der *Afriquia*-Tankstelle **(125 D3)** *( 0)* an der Route de Casa-blanca.

TERRES D'AMANAR (125 D4) ( 0)

Rund 30 Minuten Autofahrt von Marra-kesch entfernt, widmet sich ein Projekt der Pflege alter Berbertraditionen, das die ganze Familie begeistern wird. Wäh-rend die Eltern in Workshops Brotbacken lernen oder die Kunst des Hennamalens, amüsieren sich die Kinder beim Schnitzen, Bogenschießen oder Hochseilbahnfah-ren. Klettertouren werden genauso ange-boten wie Ausflüge mit dem Mountain-bike und Übernachtungen im Berberzelt oder in Hütten. Dazu gibt es jede Menge leckeres Essen. Reservierung erwünscht, die Workshops kosten abhängig von Dauer und Teilnehmerzahl. *Km 38, Route d'Asni | Tel. 05 24 43 81 03 | www.terres damanar.com*

EVENTS, FESTE & MEHR

Marrakesch bietet jede Menge Großveranstaltungen und Feste, um seinem internationalen Publikum und seinem Ruf als Trendmetropole gerecht zu werden. Hinzu kommen die festen, staatlichen Feiertage sowie die religiösen Feiertage, die sich nach dem islamischen Kalender richten und Jahr für Jahr um ungefähr zehn Tage nach vorn verschieben, abhängig vom Mondstand. Findet ein Fest z. B. im Jahr 2017 am 20. Mai statt, wird es 2018 voraussichtlich am 10. Mai sein. Falls die Mondsichel aber dann nicht zu sehen ist, kann sich das Fest auch um bis zu drei Tage verschieben.

VERANSTALTUNGEN

JANUAR
Marathon & Semi Marathon International de Marrakech: Ganz Marrakesch ist auf den Beinen. Entweder läuft man selber beim Parcours durch die Neustadt mit oder man feuert die Teilnehmer lautstark an. *www.marathon-marrakech.com*

FEBRUAR
Marrakech Biennale: Die ganze Stadt wird zur Bühne. Schwerpunkte des Festivals, das alle zwei Jahre stattfindet (das nächste Mal 2018), sind zeitgenössische Kunst, Literatur und Film. Neben Kunstausstellungen stehen zahlreiche Konzerte und Lesungen auf dem Programm. *www.marrakechbiennale.org*

MÄRZ
Rallye Maroc Classic: Die Oldtimerrallye führt von Marrakesch über 2300 km und in 7 Tagen durch ganz Marokko. *www.rallye-maroc-classic.com*

APRIL
Festival Jardin d'Art: Das Gartenkunstfestival wird jedes Jahr von der Zeitschrift „Les jardins du Maroc" organisiert – unter der Schirmherrschaft von Prinzessin Lalla Hasna, der Schwester des Königs. Gartenanlagen werden nachgebaut, Schautafeln informieren darüber, wie wichtig es ist, Grün in die Stadt zu bringen.

JUNI
Marrakech du Rire: Zum großen Lachfestival treten Komiker aus dem gesamten französischsprachigen Raum auf Bühnen in Parks und in den großen Hallen der Stadt auf. *www.marrakechdurire.com*

JULI
Festival National des Arts Populaires de Marrakesch: großes Folklorefestival, das

Ob Oldtimerrallye, Marathonlauf oder Lach- und Filmfestival: Die Marrakschis treffen sich gern zum Feiern auf der Straße

Musikgruppen aus dem ganzen Land anzieht. Wegen der malerischen Kulisse treten sie gern an Plätzen nahe der Stadtmauer auf.

SEPTEMBER

Oasis Fest: Festival der Elektromusik, das 2016 zum ersten Mal im Viertel Zemrane, südlich von Agdal, stattfand. Shuttlebusse fahren von der Innenstadt dorthin. *theoasisfest.com*

OKTOBER

Festival du Livre de Marrakech: Event für Französisch sprechende und lesende Literaturfans. *www.festivaldulivredemarrakech.com*

DEZEMBER

Festival International du Film de Marrakech: Das internationale Filmfestival ist das wichtigste Festival der Stadt. Eine Woche lang herrscht Hollywoodstimmung, Stars und Sternchen inklusive. *www.festivalmarrakech.info*

FEIERTAGE

1. Jan.	Neujahr
1. Mai	Tag der Arbeit
27. Mai 2017, 16. Mai 2018,	
6. Mai 2019	Ramadan Anfang
25. Juni 2017, 15. Juni 2018,	
5. Juni 2019	Ramadan Ende (Zuckerfest)
23. Juli	Fest des Grünen Marsches
30. Juli	Thronfest
1. Sept. 2017, 21. Aug. 2018,	
11. Aug. 2019	Opferfest
21. Aug.	Fest der Jugend
1. Okt. 2017, 20. Sept. 2018,	
9. Sept. 2019	Lichterfest
6. Nov.	Tag der Unabhängigkeit
1. Dez. 2017, 19. Nov. 2018,	
8. Nov. 2019	Geburtstag des Propheten

LINKS, BLOGS, APPS & CO.

marocmama.com Blog einer amerikanischen Muslima, die mit ihrer Familie in Marrakesch lebt. Amanda nennt ihren Blog auch „A Fearless Guide to Food & Travel" und schreibt viel über ihren Alltag als Mutter von zwei Kindern, über marokkanisches Essen und natürlich über ihre Wahlheimat Marrakesch

www.madein-marrakech.com Mit Sicherheit die beste Website zu Marrakesch. Hier wird ständig über neue Restaurants und Cafés berichtet, auf Veranstaltungen hingewiesen, Sehenswürdigkeiten werden vorgestellt und Tipps zu Sonderaktionen von allen möglichen Veranstaltern und Restaurants gegeben

www.marrakechpocket.com Die wichtigsten Events, Konzerte, Theater, Vernissagen etc. werden im Veranstaltungskalender der kostenlosen Zeitschrift „Marrakesch Pocket" angekündigt, die es auch als Website gibt

www.marrakech-cityguide.com Schöne, sehr informative Seite über die unterschiedlichsten Aspekte Marrakeschs – vom Djemaa el Fna bis zu Rooftop-Bars –, leider nur auf Französisch

www.maroczone.de Sehr übersichtliches, tolles Nachrichtenportal auf Deutsch. Es geht zwar um ganz Marokko und nicht ausschließlich um Marrakesch, da Marrakesch jedoch eine der wichtigsten Städte des Landes ist, nimmt es natürlich auch hier einen prominenten Platz ein

riadarabe.blogspot.de Zwei Schweden, die es nach Marrakesch gezogen hat, erzählen auf ihrem Blog „A Life in Marrakech" über ihr alltägliches Leben in der Medina

MRK City Walks Die App ist binnen kürzester Zeit installiert, kostet nichts und zeigt schöne Spaziergänge durch die Stadt. Per GPS und Ortungsdienst erkennt das Gerät immer, wo man ist, und kann gute Wegbeschreibungen und Kartenausschnitte liefern

Egal, ob für Ihre Reisevorbereitung oder vor Ort: Diese Adressen bereichern Ihren Urlaub. Da manche sehr lang sind, führt Sie der short.travel-Code direkt auf die beschriebenen Websites. Falls bei der Eingabe der Codes eine Fehlermeldung erscheint, könnte das an Ihren Einstellungen zum anonymen Surfen liegen

Marrakech Events Die kostenlose App bietet eine gute Übersicht über Events, Veranstaltungen etc. in Marrakesch. Die Locations werden ausführlich durch Fotoserien dargestellt und auch auf einer Map angezeigt

Morocco Press Hervorragende, kostenlose Presse-App, die so ziemlich jede marokkanische Zeitung im Programm hat. Klicken Sie in der jeweiligen Zeitung ein bestimmtes Thema an, und schon haben Sie eine sehr gute Übersicht über alle Artikel. Eine Themenkategorie ist Marrakesch – also einfach lossuchen. Da die meisten marokkanischen Zeitungen auf Französisch schreiben, sind entsprechende Sprachkenntnisse natürlich von Vorteil

short.travel/mak5 Die Journalisten Michi und Nikki Dunker bereisen Marrakesch. Ihr Video macht Lust darauf, durch die Souks und den Jardin Majorelle zu schlendern, sich in der Pferdekutsche durch die Medina gondeln zu lassen, ein paar Leckereien in den Garküchen auf dem Djemaa el Fna zu probieren und nach einem ereignisreichen Tag abends im Spa des Riad abzuhängen

short.travel/mak1 Schöne Phoenix-Reportage mit dem Titel „Traumstadt Marrakesch – die Geheimnisvolle": mit tollen Bildern, die natürlich auch voller Klischees stecken, aber einige davon sind ja wahr …

short.travel/mak2 Mitschnitt eines Livekonzerts der marokkanischen Sängerin Hindi Zahra. Die Künstlerin mixt in ihren eigenwilligen Songs moderne westliche Popmusik mit klassisch-marokkanischen Rhythmen

short.travel/mak3 Mit der bekannten Fernsehköchin Sarah Wiener geht es auf Entdeckungsreise in Marrakesch – auch zu Familien und Orten, die nicht ganz so klischeebeladen sind und deshalb umso schöner. Auf entspannte, sehr charmante Weise lernt man die Küche Marrakeschs kennen und erfährt so nebenbei auch noch viel über das Leben vor Ort

short.travel/mak4 Die 43-minütige, einfühlsame Arte-Dokumentation „Ein Palast in Marrakesch" nimmt vor allem Riads genau unter die Lupe, eröffnet aber auch andere, vielfältige Einblicke in die Stadt

VIDEOS & MUSIK

PRAKTISCHE HINWEISE

✈ Direktflüge gibt es mit *Lufthansa (www.lh.de)* und *Royal Air Maroc (www.royalairmaroc.com)* von diversen deutschen Flughäfen aus (ab 350 Euro retour). Außerdem fliegen *Ryan Air (www.ryanair.com)* ab Frankfurt-Hahn und Düsseldorf-Weeze mehrmals wöchentlich direkt nach Marrakesch (ab 29 Euro einfach) sowie *Easyjet (www.easyjet.com)* ab Basel und Berlin (auch ab 29 Euro pro Strecke). Weitere Fluglinien, die Marrakesch direkt anfliegen: *Air Berlin (www.airberlin.com), Swiss (www.swiss.com), Transavia (www.transavia.com)* und *Eurowings (www.eurowings.com)*. Nach der Landung in Marrakesch kann man sich entweder ein Taxi in die Altstadt nehmen *(je nach Verkehr ca. 15–30 Min. | Preis Verhandlungssache, ca. 70 DH)* oder in den Bus Nr. 19 direkt vor dem Flughafengebäude steigen *(im 30-Min.-Takt 6.30–22.30 Uhr | 30 DH pro Fahrt)*, der ca. 20 Min. zur Koutoubia braucht. Oder Sie lassen sich von Ihrer Unterkunft abholen: Die meisten bieten einen Flughafenservice für 15 bis 25 Euro pro Fahrt an.

🚗 Der Landweg führt über Frankreich und Spanien bis ans Mittelmeer, wo Sie mit der Fähre nach Tanger übersetzen und über Casablanca nach Marrakesch gelangen. Insgesamt dauert das mindestens 60 Stunden.

🚌 Direkte Busverbindungen gibt es ab Düsseldorf mit *Aziz (www.reise-aziz.com)* sowie ab Mulhouse oder Strasbourg mit *CTM (www.ctm.ma)* und *Supratours (www.supratours.ma)*. Der Bus braucht rund 65 Stunden und kostet ca. 200 Euro für die einfache Strecke.

🚢 Fähren verkehren ab Genua, Sète oder Barcelona nach Tanger. Von Genua nach Tanger kostet die Fähre für zwei Personen im PKW rund 400 Euro. Von Tanger fährt ein Zug nach Marrakesch in knapp zwölf Stunden *(ca. 20 Euro)*. Oder Sie setzen von Almería nach Nador über, dort geht es nur mit Bussen weiter, die mindestens zwölf Stunden brauchen.

STAATLICHES MAROKKANISCHES FREMDENVERKEHRSAMT
Graf-Adolf-Str. 59 | 40210 Düsseldorf | Tel. 0211 37 05 51 | www.visitmorocco.com/index.php/ger

GRÜN & FAIR REISEN

Auf Reisen können auch Sie mit einfachen Mitteln viel bewirken. Behalten Sie nicht nur die CO_2-Bilanz für Hin- und Rückflug im Hinterkopf *(www.atmosfair.de)*, sondern achten und schützen Sie auch nachhaltig Natur und Kultur im Reiseland *(www.gate-tourismus.de; www.zukunft-reisen.de; www.ecotrans.de)*. Gerade als Tourist ist es wichtig, auf Aspekte zu achten wie Naturschutz *(www.nabu.de; www.wwf.de)*, regionale Produkte, Fahrradfahren (statt Autofahren), Wassersparen und vieles mehr. Wenn Sie mehr über ökologischen Tourismus erfahren wollen: europaweit *www.oete.de*; weltweit *www.germanwatch.org*

Von Anreise bis Zoll

Urlaub von Anfang bis Ende: die wichtigsten Adressen und Informationen für Ihre Reise nach Marrakesch

OFFICE NATIONAL MAROCAINE DU TOURISME (ONMT)

Schiffslände 5 | 8001 Zürich | Tel. 04 42 52 77 52 | info@marokko.ch

ONMT

Broschüren, auch Vermittlung von Stadtführern – doch Vorsicht, diese führen Sie meist eher in Geschäfte als zu wirklich spannenden Plätzen. *Av. Mohammed V, Ecke Place Abdel el Moumen Ben Ali | Guéliz | Tel. 05 24 43 61 31*

DIPLOMATISCHE VERTRETUNGEN

Weder Deutschland, Österreich noch die Schweiz sind in Marrakesch diplomatisch vertreten. Sie müssen sich daher an die Vertretungen in Rabat wenden.

DEUTSCHE BOTSCHAFT

7, Rue Madnine | BP 235 | Rabat | Tel. 05 37 21 86 00 | www.rabat.diplo.de

ÖSTERREICHISCHE BOTSCHAFT

2, Zankat Tiddas | BP 135 | Rabat | Tel. 05 37 76 40 03 | www.bmeia.gv.at/oeb-rabat

SCHWEIZER BOTSCHAFT

Sahat Berkane | BP 169 | Rabat | Tel. 05 37 26 80 30 | www.eda.admin.ch/rabat

EINREISE

Marrakesch kann ohne Visum besucht werden. Sie brauchen aber einen Reisepass, der noch mindestens sechs Monate nach dem anvisierten Ausreisedatum gültig ist. Die maximale Aufenthaltsdauer beträgt 90 Tage. Bei der Einreise muss jeder Tourist ein kleines Formular ausfüllen – ebenso bei der Ausreise. Dort wird nach einer Hoteladresse gefragt. Wissen Sie noch nicht, wo Sie wohnen, nennen Sie einfach irgendein Hotel. Kinder benötigen einen eigenen Reisepass.

GELD, BANKEN & KREDITKARTEN

Geld in Banken zu wechseln ist kompliziert. Aber überall in der Stadt gibt

WAS KOSTET WIE VIEL?

Kaffee	**ab 70 Cent**
	für einen Café au Lait
Bier	**ab 2,30 Euro**
	für ein Glas (0,3 l)
Schuhe	**ab 6 Euro**
	für 1 Paar Babouches
Taxi	**ab 1,40 Euro**
	für eine Fahrt von der Medina nach Hivernage
Essen	**ab 4,50 Euro**
	für eine Tajine
Tuch	**ab 1,80 Euro**
	für ein Schasch

es Wechselstuben, wo Sie problemlos Cash bekommen – auch am Wochenende. Wer lieber sein Geld am Automaten zieht, kann dies inzwischen auch an fast jeder Bank. Geldautomaten gibt es etwa südlich des Djemaa el Fna sowie entlang der Avenue Mohammed V in Guéliz. Problemlos funktionieren EC-Karten mit dem Maestro-Zeichen, mit Kreditkarten können Sie dort aber kein Geld abheben.

Auch zur Zahlung sind Kreditkarten noch nicht üblich, das geht problemlos nur in den großen Hotels sowie in wenigen Restaurants und Clubs.

GESUNDHEIT

Schließen Sie am besten eine Auslandskrankenversicherung vor Ihrer Reise ab, da die deutschen Krankenkassen keine Kosten vor Ort übernehmen. Das Leitungswasser hat zwar angeblich Trinkwasserqualität, doch aufgrund immer wieder auftretender Hepatitis-B-Vorfälle ist es besser, nur Mineralwasser aus Flaschen zu trinken. Auch Obst sollten Sie entweder schälen oder mit Mineralwasser waschen.

Falls Sie krank werden und ärztliche Hilfe benötigen: In Marrakesch praktizieren ein paar hervorragende Ärzte sowie eine deutsche Allgemeinmedizinerin, die in Guéliz ihre Praxis hat. Dr. Gertrud Michaelis (117 D4) (Ⓜ C3) (7, Rue Ibn Sina | Tel. 05 24 44 83 43) vermittelt auch gerne an Fachärzte weiter. Außerdem können Sie in folgende hervorragende, private Kliniken gehen: Polyclinique du Sud (117 D4) (Ⓜ C3) (Rue Yougoslavie | Guéliz | Tel. 05 24 44 79 99), Clinique Ibn Toufail (117 D4) (Ⓜ C3) (Quartier de l'Hopital | Guéliz | Tel. 05 24 43 80 11).

INTERNETZUGANG & WLAN

In den meisten Hotels, Riads und Cafés gibt es WLAN (wifi in Marokko genannt). Der Zugang ist meist kostenlos, eventuell müssen Sie nach dem Passwort (mot de passe) fragen. Im Cyber Parc Arsat Moulay Abdeslam zwischen Guéliz und Medina ist WLAN überall kostenlos. Wer einen Drucker braucht oder einen Bildschirm, kann für ein paar Dirham eins der vielen Internetcafés der Innenstadt aufsuchen ("Cyber Café" oder "Espace Internet").

KLIMA & REISEZEIT

Nach Marrakesch können Sie das ganze Jahr über reisen. Im Sommer (Mitte Juni bis Mitte September) kann es richtig heiß werden. Rechnen Sie mit durchschnittlich 35 Grad. Im Winter hingegen wird es tagsüber selten wärmer als 20 Grad. Frost gibt es nur sehr selten. Hochsaison sind Weihnachten und Neujahr sowie Ostern. Vor allem die Zimmerpreise können dann um 25 Prozent höher sein.

MIETRÄDER

An zwölf Fahrradstationen können Sie Räder ausleihen und wieder abgeben, etwa an der Koutoubia-Moschee, an der Place des Ferblantiers, am Jardin Majorelle sowie in Guéliz und Hivernage. Weitere Haltestellen von Medina Bike sind in Planung. Die ersten 30 Minuten fahren Sie kostenlos, jede angefangene Stunde danach kostet 10 DH, ein Tagespass 50 DH, ein Wochenpass 150 DH. Sie müssen sich vorher registrieren, das geht am einfachsten über www.medinabike.ma. Bezahlt wird mit Kreditkarte.

NOTRUF

Polizei: Tel. 119, Ambulanz: Tel. 05 24 44 37 24 (kann selbst mit Blaulicht manchmal Stunden dauern), 24-Stunden-Notfall-Hotline: Tel. 05 24 40 40 40

ÖFFENTLICHE VERKEHRSMITTEL & TAXI

Neben Tausenden von Taxis, die alle über ein Taxameter verfügen, das sie anschalten müssen (auch wenn sie es nicht anschalten wollen), gibt es ein gutes Stadtbuslininennetz (www.alsa.ma). Die unbequemen und stets vollen Busse fahren zwar nicht zu festen Zeiten, aber häufig und bis mindestens 22 Uhr *(Ticket 3 DH)*. Vier Buslinien sind für Touristen relevant. Sie starten alle an der Avenue Mohammed V gegenüber der Koutoubia-Moschee: N 1 fährt nach Guéliz, N 8 an den Busbahnhof am Bab Doukkala und von dort zum Bahnhof, N 11 zum Jardin Ménara und N 13 zum Jardin Majorelle.

ÖFFNUNGSZEITEN

In Marokko gibt es keine festen Ladenöffnungszeiten. Dienstags sind die meisten Museen geschlossen, am Freitag haben nur die allerwenigsten Geschäfte der Souks offen. Am Sonntag hingegen haben die Läden in der Neustadt Ruhetag. Und in der Mittagszeit ist es überall wie ausgestorben – denn da hält, wer kann, eine Siesta. Nutzen Sie also die Mittagsstunden zur Besichtigung, denn dann haben Sie fast alle Museen und Paläste für sich.

POLIZEI

Die Touristenpolizei, die *Brigade Touristique*, befindet sich südlich der Koutoubia-Moschee in der (U C5) (𝄵 c5) Rue Sidi Mimoun.

POST

Postämter *(Mo–Do 8.30–12 Uhr, Fr 8.30–11.30 und 15–18 Uhr, im Ramadan kürzer)* gibt es etwa am Djemaa el Fna (U C4) (𝄵 c4) und in Guéliz an der Place du 16 Novembre gegenüber dem Marrakech Plaza (117 D5) (𝄵 C4). Postkarten und Briefe nach Europa kosten 7 DH und sind ein bis vier Wochen unterwegs.

SICHERHEIT

Marokko ist das sicherste Land Nordafrikas. Dafür sorgen die marokkanische

Polizei und der marokkanische Geheimdienst. Außerdem bemüht sich der König mit seiner volksnahen Politik darum, dass es weniger soziale Missstände im Land gibt als in den meisten Nachbarstaaten – die Hauptursache für Terrorismus und Fundamentalismus. Kleinkriminalität ist in Marokko seltener als z. B. in Südeuropa.

WÄHRUNGSRECHNER

€	MAD	MAD	€
1	10,92	1	0,09
5	54,59	5	0,46
10	109,18	10	0,92
20	218,35	20	1,83
30	327,53	40	3,66
50	545,88	70	6,41
70	764,23	100	9,16
90	982,58	500	45,80
100	1091,75	1000	91,60

STADTERKUNDUNGEN & TOUREN

Wer mit einem offiziellen Führer durch die Stadt laufen möchte, kann dies über die meisten Riads, Hotels oder das Touristenbüro in Guéliz buchen (ab 30 Euro pro Tag). Allerdings wird die erwünschte Besichtigungstour bei den meisten Stadtführern zur Provisions-Einkaufstour. Ganz anders bei Sabina BenChaira und ihrer kleinen Agentur INSIDER TIPP *Medina mit Sabina (Tel. 06 61 38 55 63 | www.face book.com/medinamitsabina/?fref=ts)*, die Gäste durch ihr persönliches Marrakesch führt. Sie zeigt kleine Wege, unbekannte Ecken und natürlich auch die ganz normalen Sehenswürdigkeiten. Mit der Agentur INSIDER TIPP *Marrakesch City Bike Tour (Tel. 06 67 79 70 35 | www.*

marrakech-city-bike-tour.com) können Sie außergewöhnliche Stadtrundfahrten mit Fahrrädern, privat oder in der Gruppe, unternehmen. Zudem gibt es einen Touristen-City-Bus (*www.alsa.ma/fr/bustouristique*), einen roten Doppeldecker, der zwei Routen anbietet. Die Tickets sind 24 oder 48 Stunden gültig *(145 bzw. 165 DH),* und man kann beliebig oft ein- und aussteigen.

Tolle Touren in die Umgebung von Marrakesch, z. B. mit Mittagessen bei Einheimischen, oder eine Geländewagentour im Hohen Atlas veranstaltet außerdem Mohammed Ouaba von INSIDERTIPP ▸ *Marrakech Around Tours* (*Tel. 06 67 46 14 03 | www.marrakech-aroundtours.com*). Er ist günstig und sehr zuverlässig, was man längst nicht von allen Agenturen sagen kann. Einstündige Rundflüge über Marrakesch und den nahen Hohen Atlas im Heißluftballon für ca. 200 Euro pro Person (inkl. Abholung vom Hotel und Einkehr) können Sie bei *Ciel Afrique* (*Tel. 05 24 43 28 43 | www. cielafrique.info*) buchen.

STROM

Üblich sind 220 Volt. Adapter sind nicht notwendig.

TELEFON & HANDY

Die Telefongebühren in Marrakesch und Umgebung sind für ausländische Handys extrem hoch. Es lohnt sich deshalb, eine marokkanische SIM-Karte zu benutzen, zumal es sie kostenlos am Flughafen gibt, z. B. bei *INWI*, deren Stand direkt bei den Gepäckbändern liegt. Auch *Ittisalat al Maghreb (Maroc Telecom)* sowie *Méditel* verschenken marokkanische Handynummern mit 50 DH Startguthaben. So kann man kostenlos angerufen werden und zahlt selbst nur einen Bruchteil,

WETTER IN MARRAKESCH

	Jan.	Feb.	März	April	Mai	Juni	Juli	Aug.	Sept.	Okt.	Nov.	Dez.
Tagestemperaturen in °C	18	20	22	23	27	31	36	35	32	27	22	19
Nachttemperaturen in °C	6	7	9	11	14	16	20	20	18	14	10	6
☀	7	8	8	9	10	10	10	10	8	8	7	7
☂	7	7	5	4	1	0	0	1	1	3	4	6

zumindest dann, wenn man nicht nach Deutschland telefoniert. Sogenannte Téléboutiques ersetzen öffentliche Telefonzellen und funktionieren mit Münzgeld, das man sich bei den Angestellten der Boutique wechseln lassen kann.

Vorwahl Deutschland: *00 49*, Österreich: *00 43*, Schweiz *00 41*, Marokko *0 02 12*. Innerhalb von Marokko muss immer die Ortsnetzkennzahl mitgewählt werden, auch innerhalb derselben Stadt. Die Vorwahl von Marrakesch ist *05 24*. Beginnt eine Telefonnummer mit 06, ist es immer ein Handyanschluss.

TOILETTEN

Kein appetitliches, aber ein wichtiges Thema: Machen Sie sich darauf gefasst, dass öffentliche Toiletten in Marrakesch fast immer dreckig sind. Gehen Sie daher besser in ein Restaurant und lassen ein paar Dirham als Trinkgeld liegen. Toilettenpapier ist in Marokko nur dort üblich, wo auch viele Touristen unterwegs sind. Die Einheimischen wischen sich mit der linken (unreinen) Hand ab. Deshalb isst man in Marokko immer nur mit der rechten Hand und reicht auch nur diese zur Begrüßung. Zum Saubermachen stehen ein Wassereimer sowie ein Wasserhahn zur Verfügung. Sollte es Toilettenpapier geben, werfen Sie es nicht in die Toilette, sondern in den dafür bereitgestellten Abfalleimer. Waschbecken und Seife befinden sich außerhalb der Toilette. Feuchte Tücher, eine (eigene) kleine Seife in einer Box oder Ähnliches gehören aber in jede Handtasche.

TRINKGELD

Marokkaner sind auf Trinkgeld angewiesen – denn in vielen Cafés und Restaurants ist dies ihr einziger Lohn. Üblich sind in Restaurants zehn Prozent des Rechnungsbetrags. Trinkt man nur einen Kaffee oder Tee, rundet man meist einfach auf (z. B. 7 DH + 3 = 10 DH). Bei Taxifahrten können Sie etwas großzügiger sein. Wenn es 18 DH kostet, darf man ruhig 25 DH geben. Kofferträger im Hotel erwarten pro Gepäckstück 5 bis 10 DH – je nachdem, wie schwer es ist, Zimmermädchen rechnen mit rund 10 DH pro Tag pro Zimmer.

ZEIT

Marokko liegt gegenüber Mitteleuropa um eine Stunde zurück. Für die Sommer- und Winterzeit gibt es keine festen Daten, aber meist wird die Uhr am 31. März und am 31. Oktober umgestellt. Während des Ramadans werden die Uhren noch einmal umgestellt, damit das Fastenbrechen am Abend schneller möglich ist. Dann sind es zwei Stunden Zeitunterschied zu Deutschland.

ZOLL

Alle elektronischen Geräte sowie Autos und Motorräder, die man ins Land einführt, muss man auch wieder ausführen. Verboten ist die Einfuhr von Pornografie und Rauschgift. Zollfrei einführen dürfen Sie 200 Zigaretten, 1 l Spirituosen und 50 ml Parfum. 1000 marokkanische Dirham dürfen ein- bzw. ausgeführt werden. Bei der Rückkehr in die EU dürfen Sie 200 Zigaretten, 1 Flasche alkoholische Getränke (egal ob Wein oder Spirituosen) und sonstige Waren im Wert von 430 Euro zollfrei mitnehmen. Ausfuhrverbot besteht nur bei Antiquitäten. Wer kunsthandwerkliche Produkte oder Teppiche in großen Mengen ausführt, sodass der Verdacht besteht, dass damit Handel betrieben wird, muss die Ware bei der Einreise nach Europa im Heimatland verzollen.

SPRACHFÜHRER FRANZÖSISCH

AUSSPRACHE

Zur Erleichterung der Aussprache sind alle französischen Wörter mit einer einfachen Aussprache in eckigen Klammern versehen.

AUF EINEN BLICK

ja/nein/vielleicht	oui [ui]/non [nong]/peut-être [pöhtätr]
bitte/danke	s'il vous plaît [ßil wu plä]/merci [märßih]
Gute(n) Morgen!/Tag!/	Bonjour! [bongschuhr]/Bonjour! [bongschuhr]/
Abend!/Nacht!	Bonsoir! [bongßoar]/Bonne nuit! [bonn nüi]
Hallo!/Auf Wiedersehen!/	Salut! [ßalü]/Au revoir! [o rövoar]/Salut! [ßalü]
Tschüss!	
Entschuldigung!	Pardon! [pardong]
Ich heiße ...	Je m'appelle ... [schö mapäll ...]
Ich komme aus ...	Je suis de ... [schö süi dö ...]
Darf ich ...?	Puis-je ...? [püi schö ...]
Wie bitte?	Comment? [kommang]
Ich möchte .../Haben Sie?	Je voudrais ... [schö wudrä]/Avez-vous? [aweh wu]
Wie viel kostet ...?	Combien coûte ...? [kombjäng kuht ...?]
Das gefällt mir (nicht).	Ça (ne) me plaît (pas). [ßa (nö) mö plä (pa)]
Hilfe!/Achtung!	Au secours! [o ßökuhr]/Attention! [attangßjong]
Polizei/Feuerwehr/	police [poliß]/pompiers [pompieh]/
Krankenwagen	ambulance [ambülangß]

DATUMS- & ZEITANGABEN

Montag/Dienstag	lundi [längdi]/mardi [mardi]
Mittwoch/Donnerstag	mercredi [märcrödi]/jeudi [schödi]
Freitag/Samstag/	vendredi [vangdrödi]/samedi [ßamdi]/
Sonntag	dimanche [dimangsch]
Werktag/Feiertag	jour ouvrable [schur uwrabl]/jour férié [schur ferieh]
heute/morgen/gestern	aujourd'hui [oschurdüi] /demain[dömäng]/hier [jähr]
Stunde/Minute	heure [öhr]/minute [minüt]
Tag/Nacht/Woche	jour [schur]/nuit [nüi]/semaine [ßömän]
Monat/Jahr	mois [moa]/année [aneh]
Wie viel Uhr ist es?	Quelle heure est-t-il? [käl ör ät il]
Es ist drei Uhr.	Il est trois heures. [il ä troasör]
Es ist halb vier.	Il est trois heures et demi. [il ä troasör e dömi]

Tu parles français?

„Sprichst du Französisch?" Dieser Sprachführer hilft Ihnen, die wichtigsten Wörter und Sätze auf Französisch zu sagen

Viertel vor vier	quatre heures moins le quart [katrör moäng lö kar]
Viertel nach vier	quatre heures et quart [katrör e kar]

UNTERWEGS

offen/geschlossen	ouvert [uwär]/fermé [färmeh]
Eingang/Einfahrt	entrée [angtreh]
Ausgang/Ausfahrt	sortie [ßorti]
Abfahrt/Abflug/Ankunft	départ [depahr]/départ [depahr]/arrivée [arriweh]
Toiletten/Damen/Herren	toilettes [toalett]/femmes [famm]/hommes [omm]
(kein) Trinkwasser	eau (non) potable [o (nong) potabl]
Wo ist ...?/Wo sind ...?	Où est ...? [u ä ...]/Où sont ...? [u ßong ...]
links/rechts	à gauche [a gohsch]/à droite [a droat]
geradeaus/zurück	tout droit [tu droa]/en arrière [ong arriähr]
nah/weit	près [prä]/loin [loäng]
Bus/Taxi	bus [büß]/taxi [takßi]
Haltestelle/Taxistand	arrêt [arrä]/station de taxi [ßtaßjong dö takßi]
Parkplatz/Parkhaus	parking [parking]

ARABISCH

Ja./Nein.	na'am/la oder: kalla	نعم/لا، كلا
Bitte./Danke.	min fadlak/schukran	من فضلك/شكرا
Entschuldigung!	'afwan	عفوا
Guten Tag!/Guten Abend!	sabba l-chair/masa l-chair	صباح الخير/مساء الخير
Auf Wiedersehen!	ma'a s-salama	مع السلامة
Ich heiße ...	ismi ...	اسمي ...
Ich komme aus ...	ana min ...	انا من ...
... Deutschland.	... almania	المانيا ...
... Österreich./Schweiz.	... al nimsa/swizera	النمسا/سويسرا ...
Ich verstehe Sie nicht.	ana la afhamuka [ki]	انا لا افهمك ...
Wie viel kostet es?	kam jukallif dhalika	كم يكلّف ذلك
Bitte, wo ist...?	'afwan aina ...	عفوا اين ...

1	wahid (١واحد)	5	chamsa (خمسة ٥)	9	tis'a (تسعة ٩)
2	itnan (اثنان ٢)	6	sitta (ستّة ٦)	10	'aschra (عشرة ١٠)
3	talata (ثلاثة ٣)	7	sab'a (سبعة ٧)	20	'ischrun (عشرون ٢٠)
4	arba'a (اربعة ٤)	8	tamanija (ثمانية ٨)	100	mia (مئة ١٠٠)

Essig/Öl	vinaigre [winägr]/huile [üil]
Milch/Sahne/Zitrone	lait [lä]/crême [kräm]/citron [ßitrong]
kalt/versalzen/nicht gar	froid [froa]/trop salé [tro ßaleh]/pas cuit [pa küi]
mit/ohne Eis/Kohlensäure	avec [awäk]/sans [ßang] glaçons/gaz [glaßong/gaß]
Vegetarier(in)	végétarien(ne) [weschetarijäng/weschetarijänn]
Ich möchte zahlen, bitte.	Je voudrais payer, s'il vous plaît. [schön wudrä pejeh, ßil wu plä]
Rechnung/Quittung	addition [adißjong]/reçu [rößü]

EINKAUFEN

Apotheke/Drogerie	pharmacie [farmaßi]/droguerie [drogöri]
Bäckerei/Markt	boulangerie [bulangschöri]/marché [marscheh]
Einkaufszentrum	centre commercial [ßangtre komerßial]
Kaufhaus	grand magasin [grang magasäng]
100 Gramm/1 Kilo	cent grammes [ßang gramm]/un kilo [äng kilo]
teuer/billig/Preis	cher [schär]/bon marché [bong marscheh]/prix [pri]
mehr/weniger	plus [plüß]/moins [moäng]
aus biologischem Anbau	de l'agriculture biologique [dö lagrikültür bioloschik]

ÜBERNACHTEN

Ich habe ein Zimmer reserviert.	J'ai réservé une chambre. [scheh reserweh ün schangbr]
Haben Sie noch ...?	Avez-vous encore ...? [aweh wusangkor ...]
Einzel-/Doppelzimmer	chambre simple/double [schangbr ßämplö/dublö]
Frühstück	petit déjeuner [pöti deschöneh]
Halbpension/Vollpension	demi-pension [dömi pangßjong]/pension complète [pangßjong komplät]
Dusche/Bad	douche [dusch]/bain [bäng]
Balkon/Terrasse	balcon [balkong] /terrasse [teraß]
Schlüssel/Zimmerkarte	clé [kleh]/carte magnétique [kart manjetik]
Gepäck/Koffer/Tasche	bagages [bagahsch]/valise [walis]/sac [ßak]

BANKEN & GELD

Bank/Geldautomat/Geheimzahl	banque [bangk]/guichet automatique [gischeh otomatik]/code [kodd]
bar/Kreditkarte	comptant [komtang]/carte de crédit [kart dö kredi]
Banknote/Münze	billet [bijeh]/monnaie [monä]

GESUNDHEIT

Arzt/Zahnarzt/Kinderarzt	médecin [medßäng]/dentiste [dangtißt]/pédiatre [pediatrö]
Krankenhaus/Notfallpraxis	hôpital [opital]/urgences [ürschangß]

Fieber/Schmerzen	fièvre [fiäwrö]/douleurs [dulör]
Durchfall/Übelkeit	diarrhée [diareh]/nausée [noseh]
Sonnenbrand	coup de soleil [ku dö ßolej]
entzündet/verletzt	enflammé [angflameh]/blessé [bleßeh]
Pflaster/Verband	pansement [pangßmang]/bandage [bangdahsch]
Salbe/Schmerzmittel	pommade [pomad]/analgésique [analschesik]

TELEKOMMUNIKATION & MEDIEN

Briefmarke	timbre [tämbrö]
Brief/Postkarte	lettre [lätrö]/carte postale [kart poßtal]
Ich brauche eine Telefon-karte fürs Festnetz.	J'ai besoin d'une carte téléphonique pour fixe. [scheh bösoäng dün kart telefonik pur fiekß]
Ich suche eine Prepaid-karte für mein Handy.	Je cherche une recharge pour mon portable. [schö schärsch ün röscharsch pur mong portablö]
Wo finde ich einen Internetzugang?	Où puis-je trouver un accès à internet? [u püische truweh äng akßä a internet]
wählen/Verbindung/besetzt	composer [komposeh]/connection [konekßiong]/occupé [oküpeh]
Steckdose/Ladegerät	prise électrique [pris elektrik]/chargeur [scharschör]
Computer/Batterie/Akku	ordinateur [ordinatör]/batterie [battri]/accumulateur [akümülatör]
At-Zeichen	arobase [arobaß]
Internet-/E-Mail-Adresse	adresse internet/mail [adräß internet/mejl]
Internetanschluss/WLAN	accès internet [akßä internet]/wi-fi [wifi]
E-Mail/Datei/ausdrucken	mail [mejl]/fichier [fischjeh]/imprimer [ämprimeh]

FREIZEIT, SPORT & STRAND

Strand	plage [plahsch]
Sonnenschirm/Liegestuhl	parasol [paraßol]/transat [trangßat]
Ebbe/Flut/Strömung	marée basse [mareh baß]/marée haute [mareh ot]/courant [kurang]
Seilbahn/Sessellift	téléphérique [teleferik]/télésiège [teleßiäsch]
Schutzhütte/Lawine	refuge [röfüsch]/avalanche [avalangsch]

ZAHLEN

0	zéro [sero]	8	huit [üit]
1	un, une [äng, ühn]	9	neuf [nöf]
2	deux [döh]	10	dix [diß]
3	trois [troa]	20	vingt [väng]
4	quatre [katr]	100	cent [ßang]
5	cinq [ßänk]	1000	mille [mil]
6	six [ßiß]	½	un[e] demi[e] [äng/ühn dömi]
7	sept [ßät]	¼	un quart [äng kar]

CITYATLAS

🟩 **Verlauf der Erlebnistour „Perfekt im Überblick"**
🟦 **Verlauf der Erlebnistouren**

**Der Gesamtverlauf aller Touren ist auch in
der herausnehmbaren Faltkarte eingetragen**

Bild: Koutoubia-Moschee

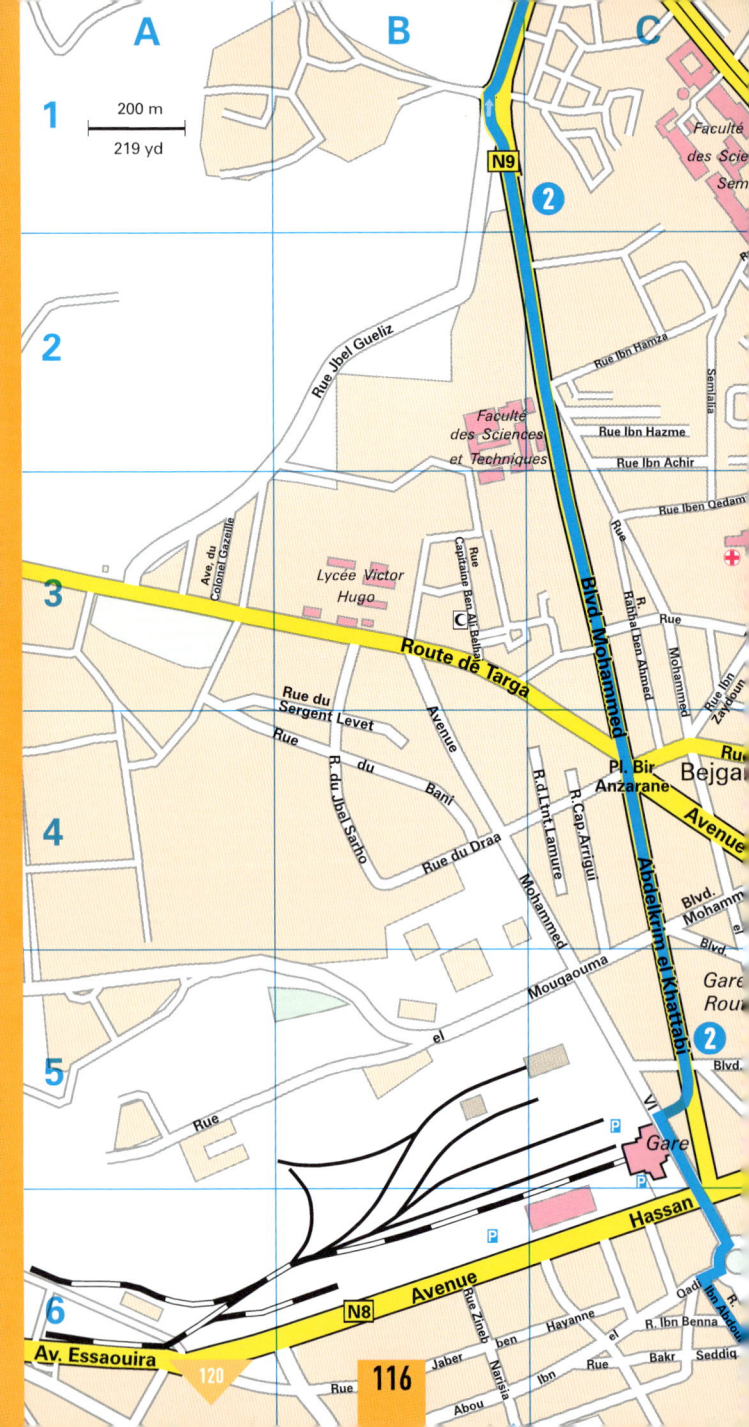

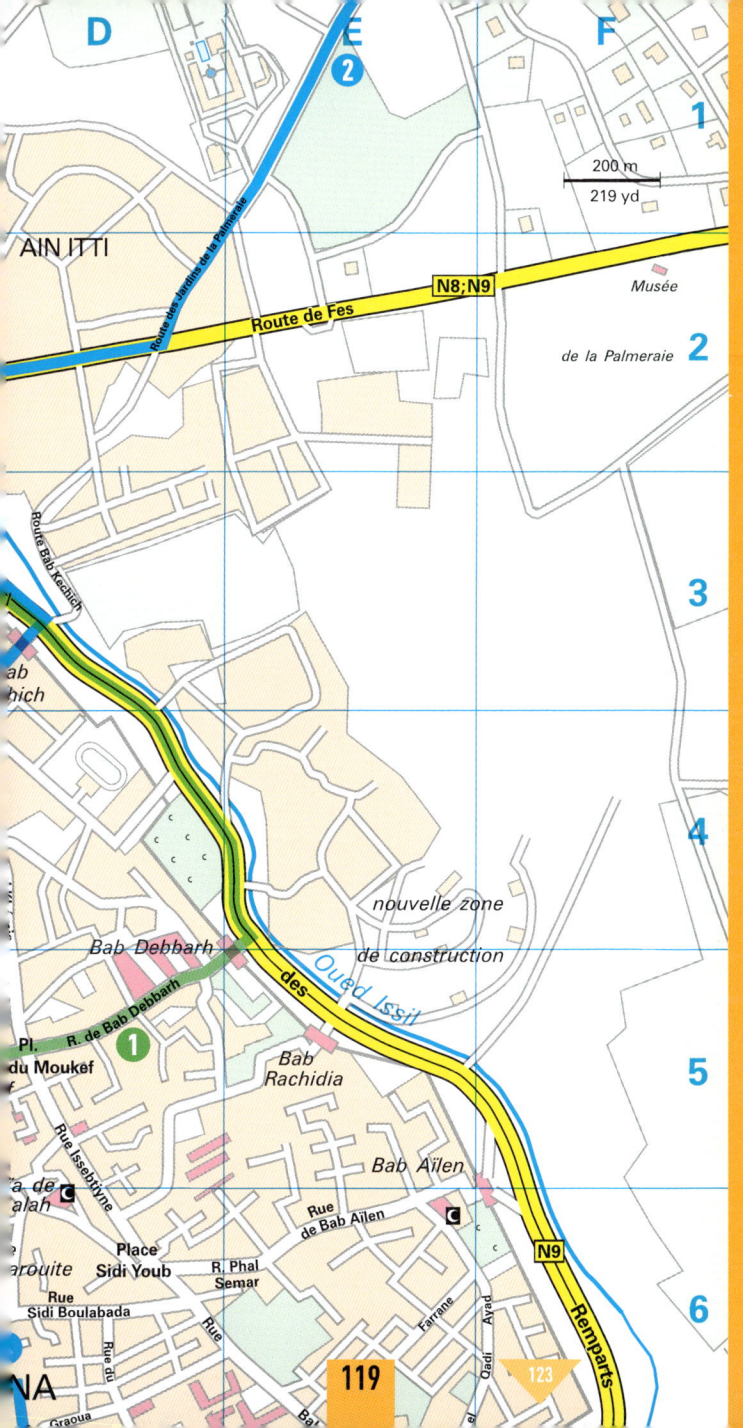

D **E** **F**

1

200 m
219 yd

AIN ITTI

Musée

N8;N9

Route des Jardins de la Palmeraie

Route de Fes

de la Palmeraie

2

Route Bab Kedhich

3

ab
hich

4

nouvelle zone

de construction

Oued Issil

Bab Debbarh

des

Pl.   R. de Bab Debbarh

du Moukef

Bab
Rachidia

Rue Issebtiyne

Bab Aïlen

a de
alah

Rue
de Bab Aïlen

Place
Sidi Youb

R. Phal
Semar

Farrane

5

aroute

Rue
Sidi Boulabada

Rue

Qadi Ayad

N9

Remparts

6

NA

Graoua

119

123

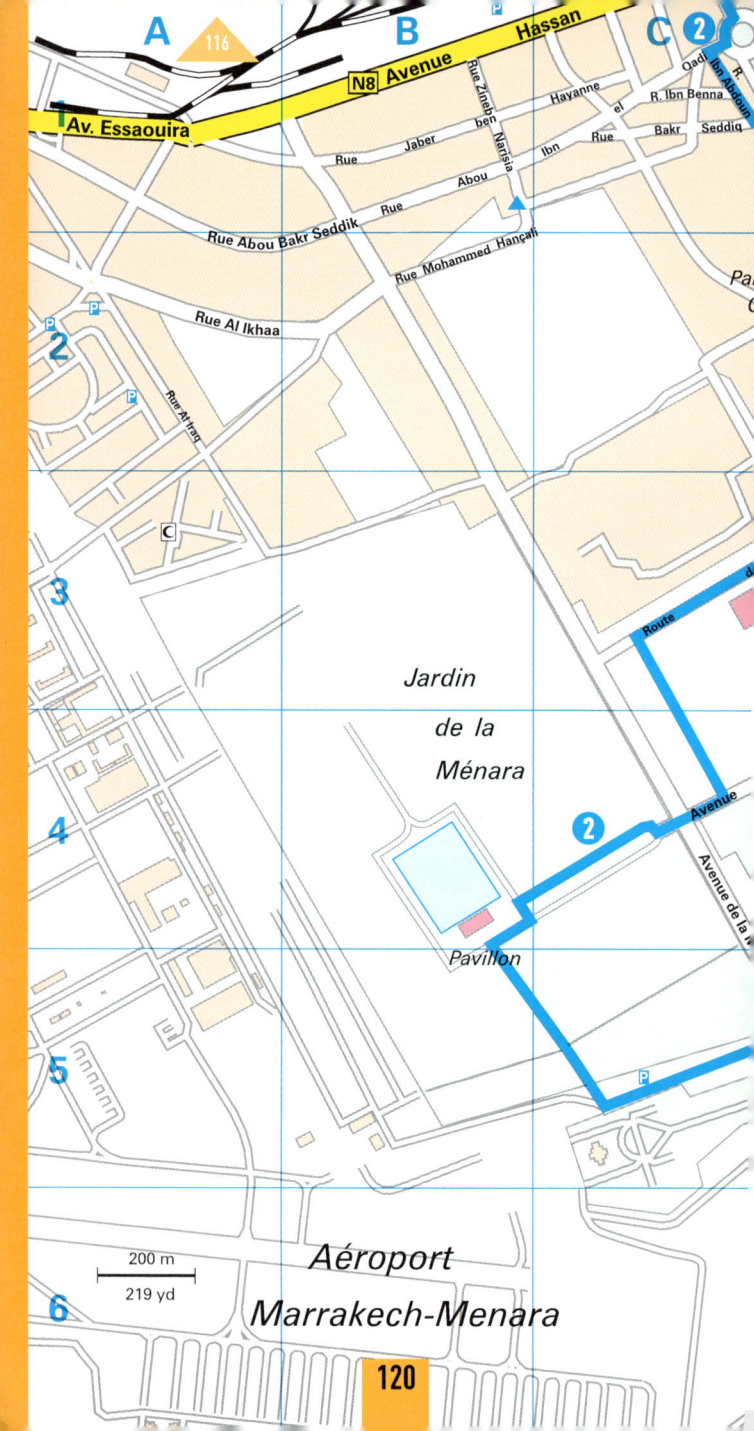

Rue Zineb ben
Narisia
Havanne
el
R. Ibn Benna
Oad
Ibn Abou
Rue
Jaber
ben
Ibn
Rue
Bakr
Seddiq
Abou
Rue
Rue Abou Bakr Seddik
Rue

Rue Mohammed Hançali

Pa

Rue Al Ikhaa

2

Rue Al Iraq

C

3

Route

d

Jardin

de la

Ménara

Avenue

2

Avenue de la

4

Pavillon

5

P

200 m
219 yd

Aéroport

Marrakech-Menara

Lycee
Hassan II

Stade
Al Harti

E

9

Pl. de la
Liberté

Palais de
Justice

117

Service
municip.

Bab
Nkob

Jardin My
Abdessalam

1

R. el Inbai
R. el Inan Chaïri

3

Rue Moulay el Hassan

R. Ibn el
Khatib

R. Ahmed Chaouqi

Rue
Paris

Rue
Abdelaziz

R. Abou
el Abbes

3

Bab Sid

HIVERNAGE

Rue el
Houssayma

Oudari

President

Avenue

de

Haad
Ibrahim

Avenue

el

R. Ibn
Abdelmalek

R. Ibrahim
el Mazini

Qadissia

Bab

du

Temple

2

Boulevard el Yarmouk

Mohammed

Piscine

Avenue

Kennedy

Rachid

R. Haroun
Errachid

3

3

2

Avenue

VI

Moulay

Menara
Mall

Prince

cine

Piscine

cine

3

Oliveraie de Bab Jdid

4

2

5

Avenue Guemassa

6

Service municip.

Ensemble Artisanal

Jardin My Abdessalam

Piscine

R. Jbel Lakhdar

Mohammed

R. Abou el Abbes Sebti

Bab Sidi Rharib

Bab Makhzen

Bab Jdid

Avenue
Houmann el Fétouaki

Casino Mamounia

Sidi Youssef Ben Tachfine

Hôpital Avenzoar

Cimetière de Sidi Es Soheili

Pl. Rabba Kedima

Rue Sidi el Yamani

Mosquée el Mouassine

Pl. de Bab Fteuh

R. Daba

Triq el Koutoubia

Sq. de Foucauld

La Koutoubia

Pl. Jemaa el Fna

Marché

R. el Mouahidine

R. Moulay

Rue Riad ez Zitoun el Kedim

Place Youssef ben Tachfin

Rue Odba Nafaa

R. Sidi Mimon

Rue Arset el Maach

Avenue Houmann el

Place Ferblanti

Bab Agnaou

Mosquée de la Kasbah

Bab Er Rob

Tombeaux Sâadiens

Route d'Ourika

Rue de la Kasbah

Rue du Mechouar

Bab Ksiba

Rue de Bab

Avenue de Bab Jdid

R203

P2017

122

D **Place Sidi Youb**
E
F

arouite
R. Phal Semar
119

Rue Sidi Boulabada
4
Farrane

Rue du
Rue

NA
Rue Douar Graoua
Bab

Djenan
Bab Ahmad

r Si Saïd
usée d'Art
arocains)

Chegra
Rue

el

Rhezali

Bab Rhemat
N9

Village du Poterie

de la

Bahia
ben

Imam
el

2

Maison
skiwin
1

Agdal Bahmad

Boulevard Ass Oure

Belaïd

Palais de la Bahia

Rue
Djenan
Rue

Cimetière de Bab Ghemat

Rue Cheikh Brahim
3

rima

Cimetière Juif
3

adia

Rue Berrima
C

Djenan
Rue
Afia

Avenue Fouis

Rue Segula
Rue Ihert

al
4

Rue
Bab Er Ryal

Bab Ahmad
Bab Ahmad

4

Méchouar
Bab Ahmar

s
Bab Er Rih
Rue de

Porte de l'Aguedal

Jardin d'Aguedal

Avenue Tassiltante
5

200 m
219 yd

Avenue Al Markeb
6

4

El-Oualidia

142

D o u k

Cap Beddouza

Dar-Caïd-Zerhouni

Had-Harrara

Sidi-Aïssa

Tleta-el-Sidi-Bouguedra

AŞFI (SAFI)

26

O C É A N

A T L A N T I Q U E

27 19 42

R204

A b d a

M

Sebt el-Gzoula

Chemaïa

Khemis-Naga

Tnine-Ghiate

Dar-Caïd-Hadji

R201

O. Tensift

Tleta-Irhoud

Talmest 78

Jemâa-Laroum

Sidi-Chikër

Akermoud

Cap Hadid

N1

Sidi-Mokhtar 38

N8

Had-Draâ

R207

Ounara Taftecht

76 Chichaoua **N8** **A7**

As-Sawïrah (Essaouira) 24

26 Tleta-Henchane

Arba-el-Ida-ou-Gourd

N8

34 61

Cap Sim

El-Khemis-Meskala

Et-Tnine

T e n s i f t - E l - H a o

Bou-Laouane

289

S.-et-Tnine-Imi-n'Tlit Bouâbout

31

60

N8

Dar-Cheïkh-Taguent

32 Imi-n'Tanoute

Adassil

Allal-Bou-Fenzi

Tamanar

A L - M A G H **158**

Khemis-Igui-Nilieud **A7** Aglagal Tizi-n'-Test (2092)

Arba-el-Ida-ou-Tghouma

106 101 Jbel Aoulime Tafinegou

Imouzzèr-el-Ida-Outanane 3555

Tamri El-Jemâa H a u

Arnesnaz Had-el-Imoulas **350** Oulad-

Cap Ghir H 51 Oued Souss

Taghazoute 1349 El-Menizla

Taroudannt

AGĀDĪR Aït-Yazza

Oued-Issene

25 Tioute

Inezgane **N10**

Aït-Melloul **Oulad-Teïma** S o u s s

al-Qalya'ah Biougra Et-Tleta Ouaoufengha

N1 80 Souk-el-Arba-el-Assads Ou

Tifnite Anrouy

Inchadèn Imi-Mqourn

124

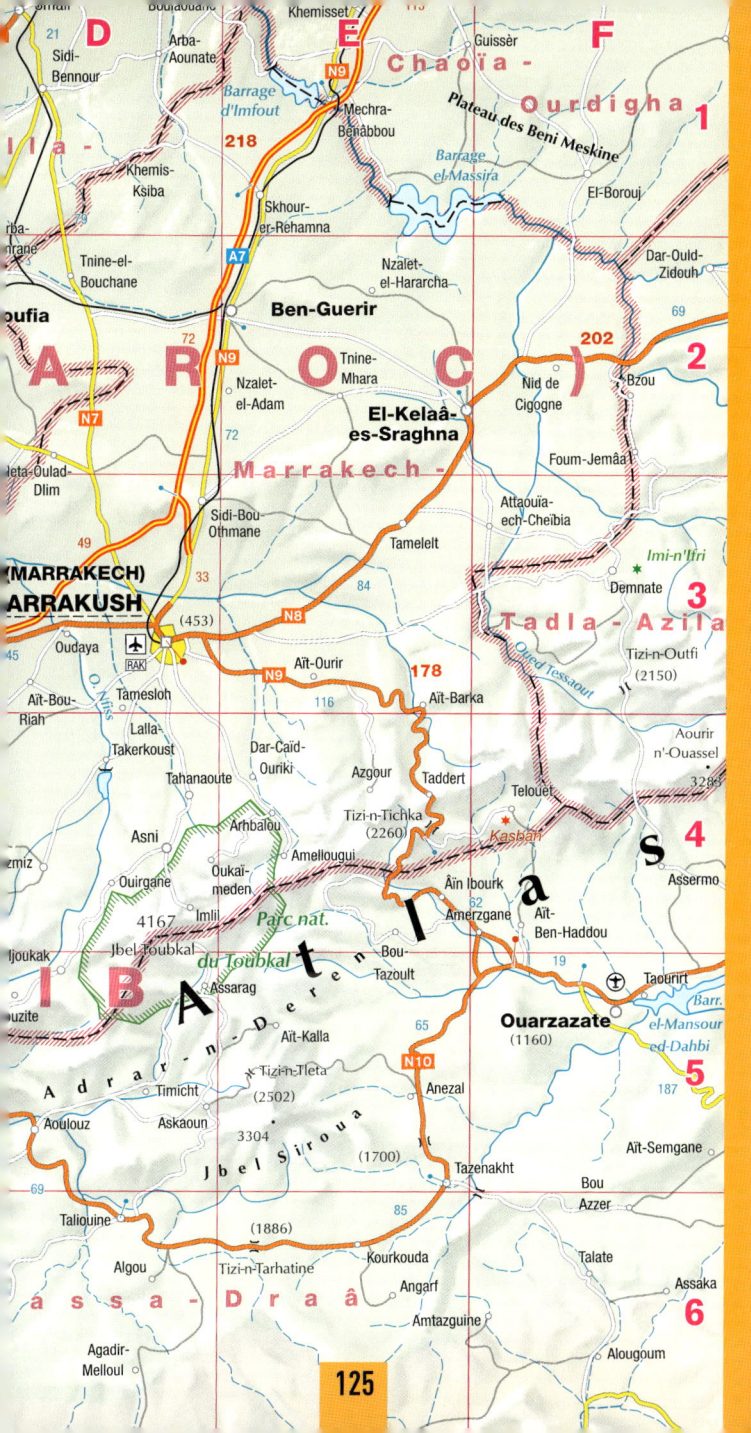

Das Register enthält eine Auswahl der im Cityatlas dargestellten Straßen und Plätze

1..99

11 Janvier, avenue du **118/A3**

16 Novembre, place du **117/E5**

18 Novembre, avenue **117/E1**

A

Abdelaziz, rue **121/F2**

Abdelkrim el Khattabi **116/C4**

Abdel Moumen ben Ali, place **116/C4**

Abdelouahab Derraq, rue **116/C3**

Abderahmane Ibn Aouf, rue **118/A1**

Abou Bakr Seddik, rue **120/A2**

Abou el Abbes Sebti, rue **121/F2-122/A1**

Abou Hayan Taouhidi, rue **116/C3**

Abou Ibn el Qadi, rue **116/C6-120/C1**

Abou Oubeida Al Jarah, boulevard **117/F2-118/A2**

Achjar, avenue **117/E2**

Ahmed Chaouqi, rue **121/E1**

Ahmed Ouaqalla, avenue **117/F5-118/A5**

Al Boukhari, rue **118/B1**

Al Houssayma, rue **121/D2**

Al Ikhaa, rue **120/A2**

Al Iraq, rue **120/A2**

Allal ben Ahmed, rue **116/C3**

Allal El Fassi, avenue **117/F1**

Al Markeb, avenue **123/F6**

Al Mouzdalifa, boulevard **117/E1**

Amina Bint Wahb, rue **118/B1**

Aneflouss, rue **117/F3-118/A3**

Anha, boulevard **118/C1-C2**

Arset el Maach, rue **122/C3**

Assouel, rue **118/C4**

Ass Oure, boulevard **123/E2**

Ayad Gueliz **117/D6**

B

Bab Agnaou, rue de **122/C2**

Bab Ahmad, rue **119/D6-123/D1**

Bab Ahmar, rue de **123/D4**

Bab Aïlen, rue de **119/E6-123/E1**

Bab Debbarh, rue de **119/D5**

Bab Doukkala, rue de **118/A5**

Bab el Khémis, rue de **118/C4**

Bab Fteuh, place de **118/C6-122/C1**

Bab Ihrli, rue de **122/C5**

Bab Jdid, avenue de **122/A2**

Bab Kechich, route **119/D3**

Bab Tarhzouf, rue de **118/B4**

Bahia, rue de la **123/D2**

Bakr Seddiq Bakr, rue **116/C6-120/C1**

Bani, rue du **116/A4**

Bata, rue **117/E4**

Belaïd, rue **123/F3**

Berrima, rue **123/D3**

Bilal Ben Rabbah, rue **117/E1**

Bir Ami, rue **117/E1**

Bir Anzarane, place **116/C4**

Bouis, avenue **123/F3**

Boutouil, rue **117/F5-118/A5**

C

Capitaine Arrigui, rue du **116/C4**

Capitaine Ben Ali Belhaj, rue **116/B3**

Cheikh Brahim, rue **123/F3**

Colonel Gazeille, avenue du **116/A3**

D

Dabachi, rue **118/C6-122/C1**

Dar el Glaoui, rue **118/B5**

Derb al Arsa **118/B3**

Derb Chrifat **118/B3**

Derb Sraghnas **118/B2**

Diar Saboun, rue **118/C4**

Djenan ben Chegra, rue du **119/D6-123/D1**

Djenan el Afía, rue du **123/D2**

Douar Graoua, rue **123/D1**

Draa, rue du **116/B4**

E

Echouada, rue **121/F2**

El Adala, rue **117/F5-118/A5**

El Ayad Qadi, rue **119/F6-123/F1**

El Gza, rue **118/A4**

El Imam Chafii, rue **117/E6-121/E1**

El Jadida, avenue d' **117/F2-118/A2**

El Mansour Eddahbi, boulevard **116/C4**

El Mouahidine, rue **122/B2**

El Mouakkite, rue **118/B2**

El Mourabitène, Pl. **117/F4-118/A4**

El Qadi, rue **116/C6-120/C1**

El Qadissia, avenue **121/F2**

El Yarmouk, boulevard **117/F6-121/F1**

Ermiza, rue **117/E5**

Erraouada, rue **117/D3**

Essaouira, avenue **120/A1**

F

Farrane, rue **119/E6-123/E1**

Fatima Zohra, rue **117/F5-118/A5**

Ferblantiers, place des **122/C3**

Fès, route de **119/E2**

Fétouaki **122/C3**

Foucauld, square de **122/B1**

G

Guemassa, avenue **121/E6**

H

Haed Ibrahim, rue **117/E6-121/E1**

Haroun Errachid, rue **121/F2**

Hart es Soura, rue **118/C4**

Hassan II, avenue **116/C6-120/B1**

Hôpital, rue de l' **116/C4**

Houmann el, avenue **122/C2**

Houmann el Fétouaki, avenue **122/A2**

I

Iben Qedamma, rue **116/C3**

Ibn Abdelmalek, rue **121/D2**

Ibn Abdoun, rue **116/C6-120/C1**

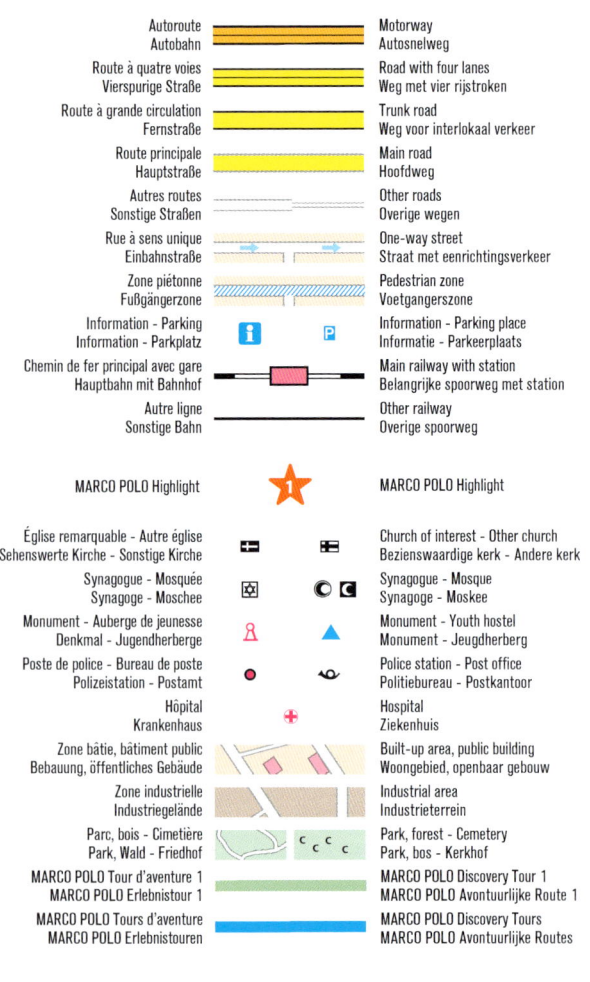

Autoroute / Autobahn	Motorway / Autosnelweg
Route à quatre voies / Vierspurige Straße	Road with four lanes / Weg met vier rijstroken
Route à grande circulation / Fernstraße	Trunk road / Weg voor interlokaal verkeer
Route principale / Hauptstraße	Main road / Hoofdweg
Autres routes / Sonstige Straßen	Other roads / Overige wegen
Rue à sens unique / Einbahnstraße	One-way street / Straat met eenrichtingsverkeer
Zone piétonne / Fußgängerzone	Pedestrian zone / Voetgangerszone
Information - Parking / Information - Parkplatz	Information - Parking place / Informatie - Parkeerplaats
Chemin de fer principal avec gare / Hauptbahn mit Bahnhof	Main railway with station / Belangrijke spoorweg met station
Autre ligne / Sonstige Bahn	Other railway / Overige spoorweg
MARCO POLO Highlight	MARCO POLO Highlight
Église remarquable - Autre église / Sehenswerte Kirche - Sonstige Kirche	Church of interest - Other church / Bezienswaardige kerk - Andere kerk
Synagogue - Mosquée / Synagoge - Moschee	Synagogue - Mosque / Synagoge - Moskee
Monument - Auberge de jeunesse / Denkmal - Jugendherberge	Monument - Youth hostel / Monument – Jeugdherberg
Poste de police - Bureau de poste / Polizeistation - Postamt	Police station - Post office / Politiebureau - Postkantoor
Hôpital / Krankenhaus	Hospital / Ziekenhuis
Zone bâtie, bâtiment public / Bebauung, öffentliches Gebäude	Built-up area, public building / Woongebied, openbaar gebouw
Zone industrielle / Industriegelände	Industrial area / Industrieterrein
Parc, bois - Cimetière / Park, Wald - Friedhof	Park, forest - Cemetery / Park, bos - Kerkhof
MARCO POLO Tour d'aventure 1 / MARCO POLO Erlebnistour 1	MARCO POLO Discovery Tour 1 / MARCO POLO Avontuurlijke Route 1
MARCO POLO Tours d'aventure / MARCO POLO Erlebnistouren	MARCO POLO Discovery Tours / MARCO POLO Avontuurlijke Routes

FÜR IHRE NÄCHSTE REISE ...

ALLE **MARCO POLO** REISEFÜHRER

Viele MARCO POLO Reiseführer gibt es auch als eBook – und es kommen ständig neue dazu!
Checken Sie das aktuelle Angebot einfach auf: www.marcopolo.de/e-books

REGISTER

Im Register finden Sie alle in diesem Reiseführer erwähnten Sehenswürdigkeiten und Ausflugsziele, dazu wichtige Straßen und Plätze sowie Sachbegriffe und Personen. Gefettete Seitenzahlen verweisen auf den Haupteintrag.

SCHREIBEN SIE UNS!

Egal, was Ihnen Tolles im Urlaub begegnet oder Ihnen auf der Seele brennt, lassen Sie es uns wissen! Ob Lob, Kritik oder Ihr ganz persönlicher Tipp – die MARCO POLO Redaktion freut sich auf Ihre Infos.

Wir setzen alles dran, Ihnen möglichst aktuelle Informationen mit auf die Reise zu geben. Dennoch schleichen sich manchmal Fehler ein – trotz gründlicher Recherche unserer Autoren/innen. Sie haben sicherlich Verständnis, dass der Verlag dafür keine Haftung übernehmen kann.

MARCO POLO Redaktion
MAIRDUMONT
Postfach 31 51
73751 Ostfildern
info@marcopolo.de

IMPRESSUM

Titelbild: Tombeaux des Saadiens (Getty Images: C. Clor)

Fotos: M. Brunswig-Ibrahim (1 u.); Getty Images: C. Clor (1 o.); huber-images: J. Banks (64/65), B. Cossa (4 o.), G. Cozzi (102 o.), P. Giocoso (Klappe u., 12/13, 46/47), H.-P. Huber (100), M. Ripani (49), A. Saffo (31), S. Scatà (9), R. Schmid (54/55), T. White (17), J. Wlodarczyk (2); huber-images/TC (50); Laif: L. 69 (20/21), D. Allard (99), M. Gumm (18 o., 56, 70/71), Heeb (78), L. Jaeckel (86/87), L. Jaekel (Klappe o., 8, 69), M. Kirchgessner (18 u.), T. Koene (19 o.), M. Renaudeau (26/27), D. Santiago Garcia (92), Siemers (76/77), J. Sierpinski (60 l.); Laif/Aurora: J. Norton (52/53); Laif/Hemispheres (60 r.); Laif/Le Figaro Magazine (19 u., 33); mauritius images: G. Rossenbach (25); mauritius images/Alamy: J. Cheadle (5), C. Clarke (100/101), J. Wlodarczyk (10); mauritius images/Imagebroker: M. Moxter (35); mauritius images/Imagebroker/KFS (43); mauritius images/Orédia: P. Lucenet (3); Schapowalow: S. Amantini (81); Schapowalow/4Corners: T. White (14/15); Schapowalow/SIME: G. Cipriani (22), B. Cossa (103), G. Cozzi (97), P. Giocoso (114/115), S. Scatà (102 u.), S. Torrione (75, 101); T. Stankiewicz (4 u., 6, 7, 11, 18 M., 36, 38/39, 40, 44, 59, 63, 66, 72, 82, 85, 98, 98/99)

1. Auflage 2017

© MAIRDUMONT GmbH & Co. KG, Ostfildern

Chefredaktion: Marion Zorn

Autorin: Muriel Brunswig-Ibrahim, Redaktion: Karin Liebe

Verlagsredaktion: Stephan Dürr, Lucas Forst-Gill, Susanne Heimburger, Tamara Hub, Nikolai Michaelis, Martin Silbermann, Kristin Wittemann

Bildredaktion: Gabriele Forst

Im Trend: wunder media, München

Kartografie Reiseatlas: © MAIRDUMONT, Ostfildern; Kartografie Faltkarte: © MAIRDUMONT, Ostfildern

Gestaltung Cover, S. 1, S. 2/3, Faltkartencover: Karl Anders – Büro für Visual Stories, Hamburg; Gestaltung innen: milchhof:atelier, Berlin; Gestaltung Erlebnistouren: Susan Chaaban Dipl.-Des. (FH)

Sprachführer: in Zusammenarbeit mit Ernst Klett Sprachen GmbH, Stuttgart, Redaktion PONS Wörterbücher

MIX
Papier aus verantwortungsvollen Quellen
FSC® C015829

BLOSS NICHT 👆

Wovon Sie in Marrakesch die Finger lassen sollten

FALSCH GEKLEIDET SEIN

Wer als Frau leicht bekleidet in Hotpants und Bikinioberteil oder in T-Shirt mit Spaghettiträgern durch die Souks läuft, wird von den Einheimischen nicht ernst genommen. In ihren Augen ist diese offenherzige Kleidung allein Prostituierten vorbehalten. Männer in Shorts und Träger-T-Shirts gelten als respektlos: Denn sie laufen in Unterwäsche durch die Stadt. Touristen, die sich derart kleiden, outen sich sofort als Greenhorns, die man locker über den Tisch ziehen kann.

MENSCHEN UNGEFRAGT FOTOGRAFIEREN

Wenn Sie einfach so drauflosknipsen, kann das a) ganz schnell ganz schön ins Geld gehen und b) zu Handgreiflichkeiten führen. Marokkaner lassen sich nicht gerne fotografieren, oder wenn, dann nur gegen Bares. Vor allem die Schlangenbeschwörer und Wasserverkäufer, die mobilen Zahnärzte und Feuerschlucker verlangen feste Gebühren fürs Foto, das kann alles zwischen 10 und 50 DH sein. Außerdem: Wer aus religiösen Gründen nicht fotografiert werden möchte, kann den Fotografen leicht verfluchen, und wer will schon dieses Risiko eingehen?

OFFEN KNUTSCHEN

Offene Zärtlichkeitsbekundungen zwischen Mann und Frau sind in Marokko tabu. Männer können mit Männern Hand in Hand gehen, Frauen mit Frauen. Aber Frauen mit Männern? Das geht gar nicht. Wer gar knutscht oder fummelt, kann von der Sittenpolizei aufgegriffen werden.

OHNE KLEINGELD ZAHLEN

Okay, wenn Sie etwas kaufen, das mehr als 100 DH kostet, dann dürfen Sie schon mit großen Scheinen bezahlen – aber wehe, es kostet nur ein paar Dirham. Stellen Sie sich darauf ein, dass Marokkaner niemals Münzgeld haben. Wer kleine Summen mit einem großen Schein bezahlt, muss warten, bis der Verkäufer in einen anderen Laden gelaufen ist und Wechselgeld geholt hat. Das kann dauern ... Im Taxi kann es vorkommen, dass der Fahrer gar kein Kleingeld hat. Dann müssen Sie die Summe zahlen, auf die er herausgeben kann.

SICH VON STADTFÜHRERN IN LÄDEN SCHLEIFEN LASSEN

Ganz gleich, ob sie diplomierte Guides sind oder als falsche Guides, also *faux guides,* auftreten, die meisten Stadtführer haben vor allem eins im Sinn: den Touristen in einen Laden zu bringen, der dort etwas kaufen soll, damit der Führer seine Provisionen kassieren kann. Angeblich sind es Cousins oder Brüder, die eine tolle Berberapotheke, ein Schmuckgeschäft mit Schätzen der Touareg aus der Sahara oder einen Teppichladen betreiben. Und angeblich sind ihre Preise garantiert günstig, allerdings exklusiv nur für den netten Gast des Bruders/Cousins. Das Ende vom Lied: Sie bezahlen doppelt, und zwar den Preis plus die Provision.